AF222384

Eine kurze philosophische Abhandlung über MAD MEN

Pascal Debra

Pascal Debra

Eine kurze philosophische Abhandlung über
MAD MEN

Bibliografische Information der Deutschen Nationalbibliothek: Die Deutsche Nationalbibliothek verzeichnet diese Publikation in der Deutschen Nationalbibliografie; detaillierte bibliografische Daten sind im Internet über dnb.dnb.de abrufbar.

Titel der Originalausgabe:
Eine kurze philosophische Abhandlung über MAD MEN © 2024-2025
Covergestaltung: Pascal Debra ©
Frontcoverbild: „MadMenMoment" © Pascal Debra
Alle Rechte vorbehalten, Pascal Debra ©
ISBN: 978-3-7693-2319-1
1. Auflage 2025
Verlag: BoD · Books on Demand GmbH, In de Tarpen 42, 22848 Norderstedt, bod@bod.de
Druck: Libri Plureos GmbH, Friedensallee 273, 22763 Hamburg

INHALTSVERZEICHNIS

Kapitel 1: Einführung in die Welt von „Mad Men"

In den bedeutenden Kapiteln der Fernsehgeschichte erhebt sich „Mad Men" (2007–2015), erschaffen von dem visionären Matthew Weiner, als weit mehr als nur ein nostalgischer Rückblick auf die schillernde Werbebranche der 1960er Jahre. Die Serie entführt uns in die komplexe Welt der Madison Avenue, wo ambitionierte Werbefachleute nicht nur um die kreativsten Werbekampagnen wetteifern, sondern auch mit persönlichen Herausforderungen und den tiefgreifenden gesellschaftlichen Veränderungen ihrer Zeit konfrontiert sind.

Im Zentrum steht Don Draper, ein charismatischer und zugleich geheimnisvoller Creative Director, dessen vielschichtige Persönlichkeit und innere Konflikte die Handlung maßgeblich prägen. Seine Geschichte ist verwoben mit den Leben seiner Kollegen und Familienmitglieder, die alle ihre eigenen Träume, Ängste und Ambitionen verfolgen.

„Mad Men" beleuchtet nicht nur den Aufstieg der amerikanischen Werbebranche, sondern greift auch universelle Themen wie Identitätssuche, Moralvorstellungen, Geschlechterrollen und den Wandel sozialer Werte auf. Die akribische

Detailtreue in Kostümen, Kulissen und Dialogen schafft eine authentische Atmosphäre, die es dem Zuschauer ermöglicht, vollständig in die Ära der 60er Jahre einzutauchen.

Mit brillanten Drehbüchern und einer herausragenden Besetzung hat die Serie zahlreiche Auszeichnungen erhalten und einen bleibenden Eindruck in der Welt des Fernsehdramas hinterlassen. Sie lädt dazu ein, hinter die glänzenden Fassaden zu blicken und die menschlichen Dramen zu entdecken, die sich dahinter verbergen. „Mad Men" ist somit nicht nur ein unterhaltsames, sondern auch ein nachdenklich stimmendes Werk, das den Zeitgeist einer ganzen Epoche einfängt und zugleich zeitlose Fragen aufwirft.

Die Serie fungiert als profundes Spiegelbild der amerikanischen Gesellschaft in einer Ära beispielloser Metamorphosen und reflektiert die kulturellen, sozialen und individuellen Transformationen jener Zeit. Durch die vielschichtige Darstellung ihrer Protagonisten und Narrationen eröffnet sie einen Diskursraum für philosophische Kontemplationen über Identität, Konsum, Moralität und die Sinnsuche in einer Welt des stetigen Wandels. Die Dekade der 1960er in den Vereinigten Staaten war geprägt von paradoxen Strömungen und Umbrüchen. Einerseits prosperierender wirtschaftlicher Wohlstand, technologische Innovationen und ein unerschütterlicher Glaube an den amerikanischen Traum; andererseits soziale Turbulenzen, der Kampf um Bürgerrechte, aufkeimender Feminismus und wachsende Skepsis gegenüber dem politischen Establishment, insbesondere infolge des Vietnamkriegs.

In diesem Spannungsfeld florierte die Werbebranche, avancierte zum Emblem des Konsumkapitalismus und propagierte amerikanische Ideale. „Mad Men" positioniert sich an dieser Nahtstelle und nutzt die Werbeagentur Sterling Cooper als Mikrokosmos, um die gesellschaftlichen Dynamiken und Disparitäten zu explorieren. Der Historiker Thomas Frank charakterisiert diese Epoche als eine, in der „die Kultur zum Geschäft mutierte und das Geschäft zur Kultur" (Frank, 1997, S. 32). Die Serie demonstriert, wie Werbung nicht lediglich Produkte, sondern auch Lebensstile und Identitäten veräußert und somit eine kardinale Rolle bei der Formung des sozialen Bewusstseins einnimmt.

Don Draper, der charismatische Kreativdirektor von Sterling Cooper, personifiziert die Konstruktion von Identität in ihrer essenziellsten Form. Er lebt unter einer usurpierten Identität, nachdem er im Koreakrieg die Persona seines gefallenen Vorgesetzten annektierte.

Diese fundamentale Täuschung durchzieht sein gesamtes Dasein und beeinflusst sowohl seine Relationen als auch sein Selbstverständnis. Jean-

Paul Sartres Existentialismus findet hier Resonanz. Sartre postuliert, dass „der Mensch zuerst existiert, sich begegnet, in die Welt auftaucht – und sich erst danach definiert" (Sartre, 1946, S. 28). Drapers permanente Neudefinition seiner selbst spiegelt diese Philosophie wider. Doch anstatt zur Authentizität zu gelangen, resultiert seine Freiheit in Verlorenheit und Entfremdung. In einer denkwürdigen Szene gesteht er: „Ich habe das Gefühl, dass ich Menschen betrachte, die das Leben führen, das ich führen sollte" (Mad Men, Staffel 4, Episode 8). Diese Offenbarung enthüllt seine innere Vakanz und das Bewusstsein der Diskrepanz zwischen äußerlichem Erfolg und innerem Zustand.

Die Serie stellt die Werbung als mächtiges Instrument dar, das nicht nur Konsumverhalten moduliert, sondern auch Werte und Normen prägt. Guy Debords Konzept der „Gesellschaft des Spektakels" beschreibt eine Welt, in der „das reale Leben durch die Repräsentation substituiert wird" (Debord, 1967, S. 5). „Mad Men" illustriert, wie die Protagonisten durch ihre Arbeit die Realität konstruieren, indem sie Illusionen kreieren, die von der Gesellschaft als real akklamiert werden. Ein exemplifiziertes Beispiel ist die Kampagne für Kodaks Diaprojektor, den Don nicht als technisches Artefakt, sondern als „Carousel" – ein Karussell der Reminiszenzen – vermarktct (Mad

Men, Staffel 1, Episode 13). Er instrumentalisiert Nostalgie, um eine emotionale Affinität zu etablieren, und transmutiert ein simples Produkt in ein Gefäß für menschliche Sehnsüchte und Erinnerungen. Dies reflektiert Marshall McLuhans Diktum, dass „das Medium die Botschaft ist" (McLuhan, 1964, S. 7), da die Modulation der Präsentation den Inhalt selbst formt und modifiziert.

Die restriktiven Geschlechterrollen der 1960er und die beginnende Emanzipation der Frau werden ebenfalls inszeniert. Peggy Olson und Joan Holloway sind zentrale Figuren, die divergente Pfade innerhalb der patriarchalen Struktur der Werbeagentur navigieren. Peggy metamorphosiert von der Sekretärin zur ersten weiblichen Texterin der Agentur, während Joan ihre Position als Büro-Managerin nutzt, um indirekte Macht auszuüben. Simone de Beauvoirs „Das andere Geschlecht" offeriert einen theoretischen Bezugsrahmen, um diese Dynamiken zu dekuvrieren. De Beauvoir postuliert, dass „die Frau nicht als solche geboren wird, sondern dazu gemacht wird" (de Beauvoir, 1949, S. 267). Peggys Streben nach Anerkennung und Parität illustriert diesen Prozess der Selbstwerdung entgegen gesellschaftlichen Prämissen. In einer Szene ermahnt Don sie, sich wie ein Mann zu verhalten, um in der Branche erfolgreich zu sein (Mad Men, Staffel 2, Episode 5). Dies exponiert die Anforderungen an

Frauen, ihre Weiblichkeit zu sublimieren, um in einer von Männern dominierten Welt zu reüssieren.

Obgleich die Serie primär weiße Protagonisten fokussiert, thematisiert sie subkutan die Rassenproblematik jener Ära. Afroamerikanische Charaktere erscheinen oft in subordinativen Rollen, was die soziale Realität der Segregation reflektiert. Diese Darstellung fungiert als stille Kritik an der Ignoranz und Apathie der weißen Mittelschicht gegenüber den Bürgerrechtsbewegungen. Ralph Ellisons „Invisible Man" gewährt Einblick in die Erfahrungen afroamerikanischer Individuen, die in einer Gesellschaft existieren, die sie nicht wahrnimmt (Ellison, 1952). In „Mad Men" werden diese Figuren häufig übersehen oder als Statisten behandelt, was die systematische Marginalisierung akzentuiert. Dieses Defizit an Repräsentation ist selbst eine Aussage über die gesellschaftlichen Konstellationen jener Zeit.

Die Charaktere in „Mad Men" sind, trotz ihres materiellen Wohlstands, oftmals von innerer Leere und Sinnentleerung affiziert. Albert Camus' Konzept des Absurden, wie in „Der Mythos des Sisyphos" dargelegt, beschreibt das menschliche Streben nach Sinn in einer sinnentleerten Welt (Camus, 1942). Don Drapers autodestruktives Verhalten, seine Affären und sein Alkoholismus sind Versuche, dieser Leere zu entfliehen. In einer eindringlichen Sequenz sitzt Don solitär in einer Bar, starrt in sein Glas, während um ihn herum das Leben pulsiert (Mad Men, Staffel 6, Episode 13). Diese Isolation inmitten der Menge symbolisiert seine Entfremdung von sich selbst und von anderen. Seine Suche nach Authentizität bleibt unvollendet, da er kontinuierlich Rollen spielt und Masken trägt.

Nostalgie ist ein wiederkehrendes Motiv, das die Sehnsucht nach einer idealisierten Vergangenheit artikuliert. Svetlana Boym differenziert zwischen „restaurativer" und „reflexiver" Nostalgie, wobei erstere die Vergangenheit rekonstruieren will und letztere die Sehnsucht selbst reflektiert (Boym, 2001). „Mad Men" nutzt Nostalgie sowohl als ästhetisches Element als auch als thematische Exploration der Unfähigkeit, im Hier und Jetzt zu leben. Die Figuren klammern sich an Erinnerungen oder idealisierte Selbstbilder. Dons Rückblicke auf seine Kindheit und Jugend sind von Schmerz und Trauma durchdrungen, doch er romantisiert sie oft, um seine gegenwärtige Identität zu legitimieren. Diese Verzerrung der Vergangenheit fungiert als Schutzmechanismus gegen die Unwägbarkeiten der Gegenwart.

Die moralischen Implikationen der Werbebranche werden ebenfalls ins Visier genommen. Die Protagonisten manipulieren Emotionen und Bedürfnisse, um Produkte zu veräußern, oft ohne

Rücksicht auf die Konsequenzen. Friedrich Nietzsches Konzept der „Umwertung aller Werte" (Nietzsche, 1886) ist hier anwendbar, da traditionelle Moralvorstellungen zugunsten von Erfolg und Profitabilität obsolet werden. In der Episode, in der Don eine Kampagne für einen Zigarettenhersteller entwirft, trotz der bekannten gesundheitlichen Risiken, manifestiert sich diese moralische Ambivalenz (Mad Men, Staffel 1, Episode 1). Er rationalisiert sein Handeln mit den Worten: „Wenn wir uns permanent Sorgen machen würden, was korrekt ist, würden wir nichts verkaufen." Diese Haltung reflektiert die ethischen Dilemmata in einer kapitalistischen Gesellschaft, in der Erfolg oft über Integrität subsumiert wird.

Die Serie dokumentiert auch die gesellschaftlichen Mutationen während der 1960er Jahre, einschließlich der Hippiebewegung, der sexuellen Revolution und der Antikriegsproteste. Diese Veränderungen beeinflussen die Charaktere und zwingen sie, ihre Überzeugungen und Lebensweisen zu revidieren. Heraklits Diktum, dass „nichts beständig ist außer dem Wandel" (Heraklit, Fragment 12), spiegelt sich in den Erfahrungen der Figuren wider. Einige, wie Peggy Olson, adaptieren sich und prosperieren mit den Veränderungen. Andere, wie Don Draper, opponieren gegen den Strom, unfähig, sich vollständig von antiquierten Mustern zu emanzipieren. Dies führt zu Konflikten und persönlichen Krisen, die die Komplexität des menschlichen Daseins akzentuieren. „Mad Men" dient als opulenter Text für die Erkundung philosophischer Fragestellungen über Identität, Moral, Gesellschaft und die menschliche Natur. Die Serie animiert den Zuschauer, über die Konstruktion von Selbst und Realität zu reflektieren und die ethischen Implikationen von Handlungen in einer komplexen Welt zu hinterfragen. Durch die Integration philosophischer Theorien und die akribische Darstellung der Charaktere und ihrer Milieus bietet „Mad Men" einen profundierten Einblick in die Herausforderungen der modernen Existenz. Sie offenbart, wie Individuen in einem Geflecht aus sozialen Erwartungen, persönlichen Ambitionen und moralischen Dilemmata navigieren und lädt zu einer Reflexion über unsere eigenen Leben und Gesellschaften ein.

Quellen:

Beauvoir, S. de (1949). *Das andere Geschlecht*. Paris: Gallimard.
Boym, S. (2001). *The Future of Nostalgia*. New York: Basic Books.
Camus, A. (1942). *Der Mythos des Sisyphos*. Paris: Gallimard.
Debord, G. (1967). *Die Gesellschaft des Spektakels*. Paris: Buchet-Chastel.
Ellison, R. (1952). *Invisible Man*. New York: Random House.
Frank, T. (1997). *The Conquest of Cool: Business Culture, Counterculture, and the Rise of Hip Consumerism*. Chicago: University of Chicago Press.
Heraklit (ca. 500 v. Chr.). Fragmente.
McLuhan, M. (1964). *Understanding Media: The Extensions of Man*. New York: McGraw-Hill.
Nietzsche, F. (1886). *Jenseits von Gut und Böse*. Leipzig: C. G. Naumann.
Sartre, J.-P. (1943). *Das Sein und das Nichts*. Paris: Gallimard.
Sartre, J.-P. (1946). *Der Existentialismus ist ein Humanismus*. Paris: Les Editions Nagel.

Kapitel 2: Konsum und Identität

„Mad Men" offeriert nicht lediglich ein akkurates Porträt der amerikanischen Gesellschaft der 1960er Jahre, sondern fungiert auch als tiefschürfende Analyse der komplexen Interdependenz zwischen Konsum und Identität. In einer Ära des ökonomischen Aufschwungs und des emergierenden Massenkonsums demonstriert die Serie, wie Werbung nicht nur Produkte propagiert, sondern auch Identitäten formt und gesellschaftliche Werte kodifiziert. Sie enthüllt, wie Individuen durch Konsumpraktiken ihre Selbstperzeption gestalten und wie die Werbeindustrie diese Prozesse beeinflusst und manipuliert.

Der Konsumkapitalismus der Nachkriegszeit gestattete es den Menschen, sich durch den Erwerb von Waren selbst zu definieren und ihren sozialen Status zu manifestieren. Jean Baudrillard beschreibt dieses Phänomen in „Die Konsumgesellschaft" als eine Kultur, in der „Objekte nicht mehr durch ihre Gebrauchswerte, sondern durch ihre Zeichenwerte definiert sind" (Baudrillard, 1970, S. 31). „Mad Men" illustriert dies exemplifikativ, indem sie die Werbeindustrie als Schöpferin von Bedeutungen und Identitäten inszeniert. Produkte metamorphosieren zu Symbolen, die spezifische Lebensstile und soziale Zugehörigkeiten repräsentieren.

Don Draper, der Protagonist der Serie, verkörpert diese Dynamik sowohl auf personaler als auch auf professioneller Ebene. Seine Fähigkeit, die tiefsten Sehnsüchte und Unsicherheiten der Konsumenten zu dekodieren und in persuasive Werbebotschaften zu transmutieren, reflektiert seine eigene Suche nach Identität. Drapers renommierte Präsentation für Lucky Strike mit dem Slogan „It's toasted" (Mad Men, Staffel 1, Episode 1) exemplifiziert, wie profane Produkte durch raffiniertes Marketing mit Bedeutung aufgeladen werden können. Hier wird nicht das Produkt per se verkauft, sondern ein Lebensgefühl und eine Identität, die mit dem Konsum korreliert sind. Die Zigarette avanciert zum Emblem von Freiheit, Rebellion und Virilität.

Ein weiteres paradigmatisches Beispiel ist die bereits erwähnte Kampagne für Kodaks Diaprojektor, den Don als „Carousel" – ein Karussell der Erinnerungen – vermarktet (Mad Men, Staffel 1, Episode 13). In seiner eloquenten Präsentation evoziert er Nostalgie und die Potenz der Erinnerungen: „Nostalgie – sie ist zart, aber mächtig. [...] Sie bringt uns an einen Ort zurück, an dem wir waren und wo wir uns geliebt fühlten." Durch diese emotionale Ansprache transzendiert er ein simples technisches Produkt zu einem Vehikel für persönliche Geschichten und Identitätsbildung. Marshall McLuhans Maxime, dass „das Medium die Botschaft ist" (McLuhan, 1964, S. 7), wird hier manifest, da die Art der Präsentation den Inhalt selbst prägt und modifiziert.

Die Serie demonstriert auch, wie Konsum als Instrument der sozialen Integration und des Statusaufbaus fungiert. Charaktere wie Pete Campbell aspirieren danach, durch den Besitz von Luxusgütern und den Eintritt in exklusive soziale Zirkel Anerkennung zu erlangen. Thorstein Veblens Konzept des „demonstrativen Konsums" beschreibt dieses Verhalten als „den Erwerb und Gebrauch von Luxusgütern, um Reichtum und Macht zu demonstrieren" (Veblen, 1899, S. 74). Petes Erwerb eines opulenten Apartments in Manhattan ist weniger Ausdruck eines persönlichen Bedürfnisses als vielmehr ein Symbol seines sozialen Aufstiegs und seiner Zugehörigkeit zur Elite. Er versucht, durch materielle Güter eine Identität zu konstruieren, die seinen beruflichen Ambitionen kongruent ist.

Gleichzeitig thematisiert „Mad Men" die Entfremdung, die aus diesem konsumorientierten Lebensstil resultiert. Die Figuren erfahren oft eine innere Leere, trotz äußerlichem Erfolg und materiellem Reichtum. Erich Fromm argumentiert in „Haben oder Sein", dass „das Streben nach Besitz die wahre Selbstverwirklichung inhibiert" (Fromm, 1976, S. 85). Don Drapers zahlreiche amourösc Eskapaden und sein exzessiver

Lebenswandel sind Ausdruck seiner inneren Zerrissenheit und seines Versuchs, durch externe Mittel ein Gefühl von Identität und Erfüllung zu erlangen. In einer kontemplativen Szene sitzt Don allein in seinem Büro, umgeben von Luxus, und wirkt dennoch verloren und isoliert (Mad Men, Staffel 3, Episode 6). Diese visuelle Darstellung unterstreicht die Diskrepanz zwischen äußerlichem Erfolg und innerem Unbehagen.

Ein weiterer Aspekt ist die Rolle der Werbung als Ideologieproduzentin. Louis Althusser beschreibt Ideologie als „ein System von Vorstellungen, das die Individuen in imaginäre Beziehungen zu ihren realen Existenzbedingungen versetzt" (Althusser, 1970, S. 115). In der Serie wird dies durch Kampagnen veranschaulicht, die traditionelle Geschlechterrollen und gesellschaftliche Normen perpetuieren. Ein Beispiel hierfür ist die Werbung für Schönheitsprodukte, die Frauen ein spezifisches Ideal von Schönheit und Weiblichkeit oktroyiert. Betty Draper, Dons Ehefrau, ist oft Opfer dieser Ideologien. Sie verkörpert das Bild der perfekten Hausfrau, fühlt sich jedoch innerlich gefangen und unerfüllt. In einer Szene betrachtet sie sich selbstkritisch im Spiegel, nachdem sie in einer Zeitschrift das Bild eines Modells erblickt hat, und hinterfragt ihr eigenes Selbstwertgefühl (Mad Men, Staffel 1, Episode 9).

Die Serie kritisiert auch die Manipulation der Konsumenten durch die Generierung künstlicher Bedürfnisse. Herbert Marcuse spricht in „Der eindimensionale Mensch" von „falschen Bedürfnissen", die durch soziale Kräfte generiert werden und „das Individuum in ein System der Unterdrückung integrieren" (Marcuse, 1964, S. 23). „Mad Men" zeigt dies durch Werbekampagnen, die Unsicherheiten exploitiert und unerreichbare Ideale propagiert, um den Konsum zu stimulieren. Ein markantes Beispiel ist die Vermarktung von Diätpillen oder Schönheitsprodukten, die Frauen suggerieren, sie müssten einem bestimmten Ideal entsprechen, um gesellschaftliche Akzeptanz zu erlangen.

Peggy Olson, eine der wenigen Frauen in der kreativen Abteilung, offeriert einen Kontrast zu dieser Dynamik. Ihre Evolution von der Sekretärin zur erfolgreichen Werbetexterin reflektiert ihre wachsende Erkenntnis über die Mechanismen der Branche. In einer Szene lehnt sie eine Kampagne ab, die Frauen auf stereotype Rollen reduziert, und plädiert für eine authentischere Darstellung (Mad Men, Staffel 2, Episode 7). Dies spiegelt Simone de Beauvoirs Forderung wider, dass Frauen sich von auferlegten Identitäten emanzipieren und ihre eigene Subjektivität definieren sollten (de Beauvoir, 1949). Peggys Kampf um Anerkennung und ihre Bemühungen, kreative Integrität zu bewahren, exemplifizieren den Konflikt zwischen persönlicher Identität und den Erwartungen einer konsumorientierten Gesellschaft.

Die Konnexion von Konsum und Identität in „Mad Men" zeigt auch die Implikationen für die männlichen Charaktere. Roger Sterling, ein Senior Partner der Agentur, epitomisiert den Hedonismus und die Oberflächlichkeit der Oberschicht. Trotz seines Reichtums und sozialen Status ist er oft unzufrieden und sucht nach Sinn. Seine exzessiven Ausgaben für Luxusgüter, Automobile und Soireen dienen als Ablenkung von seiner inneren Leere. In einer introspektiven Szene gesteht er: „Ich habe alles, was ein Mann sich wünschen kann, und dennoch fühle ich mich leer" (Mad Men, Staffel 4, Episode 3). Dies unterstreicht die Idee, dass materieller Besitz allein keine Erfüllung garantiert.

Die Serie beleuchtet auch die kulturellen Transfigurationen und deren Einfluss auf die Konsumgewohnheiten. Mit dem Aufkommen der Jugendkultur und der Gegenkultur der 1960er Jahre ändern sich die Werte und Prioritäten der Gesellschaft. Don Draper ringt damit, diese Veränderungen zu verstehen und in seine Arbeit zu integrieren. In einer Szene diskutiert er mit jüngeren Kollegen, die vorschlagen, authentischere und rebellischere Werbekampagnen zu kreieren, um die jüngere Generation zu adressieren (Mad Men,

Staffel 5, Episode 6). Dies reflektiert die realen Herausforderungen, denen sich die Werbebranche in einer sich wandelnden Gesellschaft konfrontiert sah.

Stuart Ewen argumentiert in „All Consuming Images", dass Werbung „die visuelle Landschaft mit Bildern überschwemmt, die die Wünsche und Identitäten der Menschen formen" (Ewen, 1988, S. 45). „Mad Men" zeigt, wie diese Bilder nicht nur die Konsumgewohnheiten beeinflussen, sondern auch die Selbstwahrnehmung der Individuen. Die Charaktere sind ständig von Medien und Werbung umgeben, die ihnen spezifische Lebensstile und Werte indoktrinieren.

Die Serie regt dazu an, kritisch über die Auswirkungen des Konsumkapitalismus auf das Individuum zu reflektieren. Sie stellt die Frage, inwieweit unsere Identitäten authentisch sind oder lediglich Konstrukte, die durch externe Einflüsse geformt werden. Zygmunt Bauman beschreibt in „Flüchtige Moderne", dass in einer konsumorientierten Gesellschaft Identitäten flüchtig und konstant im Wandel sind (Bauman, 2000). Die Figuren in „Mad Men" erleben diese Volatilität, indem sie permanent versuchen, sich anzupassen und neu zu definieren, um mit den gesellschaftlichen Erwartungen zu korrespondieren.

„Mad Men" verdeutlicht dass Konsum nicht lediglich eine ökonomische Aktivität ist, sondern ein essentieller Bestandteil der Identitätsbildung und der sozialen Interaktion. Durch die Darstellung der Charaktere und ihrer Relationen zum Konsum enthüllt die Serie die Komplexität und die oft widersprüchliche Natur des menschlichen Strebens nach Selbstverwirklichung in einer konsumorientierten Gesellschaft. Sie lädt den Zuschauer ein, die Mechanismen zu hinterfragen, die unsere Wünsche und Identitäten formen, und die Rolle des Konsums in unserem eigenen Leben kritisch zu reflektieren.

Quellen:

Althusser, L. (1970). *Ideologie und ideologische Staatsapparate*. In: *Lenin und die Philosophie und andere Essays*. Berlin: Argument Verlag.

Bauman, Z. (2000). *Flüchtige Moderne*. Frankfurt am Main: Suhrkamp Verlag.

Baudrillard, J. (1970). *Die Konsumgesellschaft: Mythen und Strukturen*. Frankfurt am Main: Campus Verlag.

de Beauvoir, S. (1949). *Das andere Geschlecht*. Paris: Gallimard.

Ewen, S. (1988). *All Consuming Images: The Politics of Style in Contemporary Culture*. New York: Basic Books.

Fromm, E. (1976). *Haben oder Sein: Die seelischen Grundlagen einer neuen Gesellschaft*. München: Deutscher Taschenbuch Verlag.

Marcuse, H. (1964). *Der eindimensionale Mensch*. Frankfurt am Main: Suhrkamp Verlag.

McLuhan, M. (1964). *Understanding Media: The Extensions of Man*. New York: McGraw-Hill.

Veblen, T. (1899). *The Theory of the Leisure Class*. New York: Macmillan.

Kapitel 3: Das Konzept des amerikanischen Traums

„Mad Men" erhebt sich als ein eindrucksvolles Medium zur Exegese des amerikanischen Traums und dessen Dekonstruktion in der Mitte des 20. Jahrhunderts. Im Kontext der 1960er Jahre, einer Ära profundester sozialer und kultureller Umbrüche, stellt die Serie traditionelle Konzeptionen des amerikanischen Traums infrage und beleuchtet die Spannungen zwischen Ideal und Realität. Durch ihre vielschichtigen Protagonisten und komplexen Erzählstränge offeriert „Mad Men" eine tiefgründige Reflexion über den Zustand der amerikanischen Gesellschaft und die Verwirklichung individueller Träume und Ambitionen.

Der amerikanische Traum, oft definiert als das Streben nach Prosperität, Erfolg und sozialem Aufstieg durch harte Arbeit und Determination, ist ein zentrales Element der amerikanischen Identität. James Truslow Adams prägte den Terminus 1931 und beschrieb ihn als „einen Traum von einem Land, in dem das Leben besser, reicher und erfüllter für jeden sein sollte, mit der Möglichkeit für jeden nach seinen Fähigkeiten oder Leistungen" (Adams, 1931, S. 214).

Dieses Ideal verspricht Chancengleichheit und die Möglichkeit, unabhängig von sozialer Herkunft oder Stand, persönlichen Erfolg zu erzielen. In „Mad Men" wird dieser Traum jedoch subtil und komplex dekonstruiert. Die Hauptfigur, Don Draper, verkörpert sowohl die Verheißung als auch die Illusion des amerikanischen Traums. Geboren als Dick Whitman in prekären Verhältnissen, usurpiert er während des Koreakrieges die Identität seines gefallenen Vorgesetzten und initiiert ein neues Dasein. Dieser Identitätswechsel symbolisiert den Versuch, die Vergangenheit abzulegen und sich neu zu erfinden – ein zentraler Aspekt des amerikanischen Traums. Doch Drapers Erfolg in der Werbebranche ist von innerer Leere und Entfremdung begleitet. Seine kontinuierlichen Bemühungen, ein perfektes äußeres Image aufrechtzuerhalten, maskieren seine Unsicherheiten und sein fehlendes Selbstverständnis. Die Serie zeigt, wie Don trotz materiellen Reichtums und sozialem Status mit persönlichen Dämonen ringt. Seine zahllosen Affären und sein exzessiver Lebensstil dienen als Flucht vor seiner authentischen Identität und den ungelösten Konflikten seiner Vergangenheit. Dieser innere Konflikt verdeutlicht die Schattenseite des amerikanischen Traums: das Streben nach Erfolg um jeden Preis kann zu moralischem Verfall und Selbstverlust führen. Drapers Geschichte illustriert, dass der Traum von unbegrenzten Möglichkeiten und Selbsterschaffung auch mit Täuschung und Illusion konnotiert sein kann.

Peggy Olson repräsentiert einen anderen Aspekt des amerikanischen Traums. Als junge Frau aus einfachen Verhältnissen avanciert sie von der Sekretärin zur erfolgreichen Werbetexterin. Ihr Aufstieg ist jedoch mit signifikanten persönlichen Opfern korreliert. Sie muss sich in einer männlich dominierten Branche behaupten und gegen Geschlechterdiskriminierung ankämpfen. Peggys Erfolg erfolgt oft auf Kosten ihrer persönlichen Beziehungen und resultiert in Isolation. Ihre Geschichte evoziert Fragen nach der Zugänglichkeit des amerikanischen Traums für Frauen und ob Gleichberechtigung tatsächlich erreichbar ist.

Die Serie thematisiert auch die strukturellen Barrieren, die bestimmten Gruppen den Zugang zu Macht und Wohlstand obstruieren. Die Figur Dawn Chambers, die erste afroamerikanische Sekretärin bei Sterling Cooper Draper Pryce, symbolisiert die Herausforderungen, denen ethnische Minderheiten konfrontiert sind. Trotz ihrer Kompetenz bleibt sie auf ihre Position limitiert und sieht sich mit Vorurteilen konfrontiert. Dies reflektiert die Realität einer Gesellschaft, in der der amerikanische Traum nicht für alle gleichermaßen erreichbar ist.

Der Philosoph Theodor W. Adorno kritisiert in der „Dialektik der Aufklärung" die Kulturindustrie dafür, Illusionen von Individualität und Freiheit zu generieren, während sie tatsächlich Konformität fördert: „Die Kulturindustrie hat den Menschen als Konsumenten ihrer Produkte völlig erfasst und bindet ihn durch die Illusion von Freiheit und Individualität, während sie ihn in Wirklichkeit den Normen der Konformität unterwirft" (Adorno & Horkheimer, 1947). „Mad Men" spiegelt diese Kritik wider, indem es zeigt, wie die Werbeindustrie Ideale und Wünsche konstruiert, die die Menschen dazu veranlassen, unerreichbaren Zielen nachzujagen. Die Werbung verkauft nicht nur Produkte, sondern auch Lebensstile und Identitäten, die oft auf Illusionen basieren.

Pete Campbell verkörpert den Drang nach sozialem Aufstieg innerhalb der oberen Gesellschaftsschichten. Trotz seines privilegierten Hintergrunds empfindet er permanente Unzufriedenheit und Neid. Sein Streben nach Erfolg führt zu fragwürdigen Entscheidungen und persönlichen Verlusten. Petes Charakter zeigt, wie das unreflektierte Streben nach dem amerikanischen Traum zu moralischer Verirrung und persönlicher Unzufriedenheit eskalieren kann.

Der Soziologe Robert K. Merton beschreibt in seiner Anomietheorie, wie die Diskrepanz zwischen kulturell vorgegebenen Zielen und den verfügbaren legitimen Mitteln zu devianten Verhaltensweisen führen kann (Merton, 1938). In „Mad Men" manifestiert sich dies in den Handlungen der Charaktere, die oft ethische Grenzen transzendieren, um ihre Ziele zu erreichen. Drapers Identitätsdiebstahl und seine kontinuierlichen Lügen sind Beispiele dafür, wie die Figuren gesellschaftliche Normen verletzen, um den Erwartungen des amerikanischen Traums zu entsprechen.

Die Serie reflektiert auch die gesellschaftlichen Mutationen der 1960er Jahre, einschließlich der Bürgerrechtsbewegung, des Feminismus und der Gegenkultur. Diese Bewegungen stellen die traditionellen Werte und Strukturen infrage, auf denen der amerikanische Traum basiert. Betty Draper, Dons erste Ehefrau, repräsentiert die traditionelle Rolle der Hausfrau und Mutter. Trotz äußerer Perfektion fühlt sie sich innerlich leer und unerfüllt. Ihre Erfahrungen spiegeln die von Betty Friedan in „Der Weiblichkeitswahn" beschriebenen Gefühle vieler Frauen wider, die trotz materiellen Komforts nach Sinn und Identität suchen (Friedan, 1963).

Megan Draper, Dons zweite Ehefrau, verkörpert die neue Generation, die nach Selbstverwirklichung jenseits traditioneller Rollen strebt. Sie verfolgt eine Karriere als Schauspielerin und sucht nach persönlicher und kreativer Erfüllung.

Diese Veränderungen induzieren Spannungen in ihrer Ehe mit Don und symbolisieren den Konflikt zwischen antiquierten und progressiven Werten. Die Serie zeigt, wie der amerikanische Traum sich transformiert und persönliche Freiheit und Selbstausdruck zunehmend signifikant werden.

Die Auswirkungen des Vietnamkriegs und der politischen Unruhen auf das kollektive Bewusstsein werden ebenfalls thematisiert. Das Vertrauen in nationale Ideale wird durch externe Ereignisse erschüttert, was zu einer generellen Desillusionierung führt. Die Charaktere beginnen, den Sinn ihres Strebens und die Werte ihrer Gesellschaft zu hinterfragen.

Erich Fromm kritisiert in „Haben oder Sein" die Orientierung der westlichen Gesellschaft am Besitz und postuliert, dass wahres Glück aus dem Sein, nicht aus dem Haben emaniert (Fromm, 1976). Die Figuren in „Mad Men" suchen oft Erfüllung in materiellen Gütern oder ephemeren Beziehungen, was jedoch ihre innere Leere nicht kompensiert. Drapers exzessiver Konsum und seine persönlichen Beziehungen dienen als Ersatzbefriedigungen, die sein fundamentales Bedürfnis nach authentischer Identität nicht erfüllen können.

Die psychische Gesundheit der Charaktere ist ein weiterer Aspekt, der die Dekonstruktion des amerikanischen Traums verdeutlicht. Viele leiden unter Depressionen, Angstzuständen oder existenziellen Krisen. Sally Draper, Dons Tochter, erlebt die Fragilität familiärer Strukturen und entwickelt ein zynisches Weltbild. Dies spiegelt die Auswirkungen einer Gesellschaft wider, die äußeren Erfolg über inneres Wohlbefinden priorisiert.

„Mad Men" stellt somit die Frage, ob der amerikanische Traum in seiner traditionellen Form noch relevant oder erreichbar ist. Die Serie fordert dazu auf, die Werte und Ideale, die diesen Traum definieren, kritisch zu hinterfragen. Sie zeigt, dass das Streben nach Erfolg ohne ethische Prinzipien und authentische menschliche Verbindungen zu Isolation und Destruktion führen kann.

Arthur Millers „Tod eines Handlungsreisenden" thematisiert analoge Fragen und kritisiert den blinden Glauben an den amerikanischen Traum (Miller, 1949). Willy Lomans Scheitern reflektiert die Gefahren, die mit unrealistischen Erwartungen und gesellschaftlichem Druck korreliert sind. „Mad Men" aktualisiert diese Thematik für die 1960er Jahre und zeigt, wie die Charaktere an den Disparitäten zwischen persönlichem Streben und gesellschaftlichen Realitäten zerbrechen.

Abschließend bietet „Mad Men" eine vielschichtige und kritische Auseinandersetzung mit dem Konzept des amerikanischen Traums. Die Serie entlarvt die Mythen und Illusionen, die mit diesem Ideal assoziiert sind, und zeigt die persönlichen und gesellschaftlichen Konsequenzen des unreflektierten Strebens nach Erfolg. Durch die tiefgründige Charakterentwicklung und die Einbindung philosophischer und soziologischer Theorien lädt die Serie zu einer Reflexion über die wahre Bedeutung von Erfolg und Glück in der modernen Gesellschaft ein

Quellen:

Adams, J. T. (1931). *The Epic of America*. Boston: Little, Brown, and Company.

Adorno, T. W., & Horkheimer, M. (1947). *Dialektik der Aufklärung*. Amsterdam: Querido.

Fromm, E. (1976). *Haben oder Sein: Die seelischen Grundlagen einer neuen Gesellschaft*. München: Deutscher Taschenbuch Verlag.

Friedan, B. (1963). *Der Weiblichkeitswahn oder Die Selbstbefreiung der Frau*. München: Nymphenburger Verlagshandlung.

Merton, R. K. (1938). Social Structure and Anomie. *American Sociological Review*, 3(5), 672–682.

Miller, A. (1949). *Tod eines Handlungsreisenden*. Frankfurt am Main: Suhrkamp Verlag.

Kapitel 4: Geschlechterrollen und Patriarchat

Mad Men fungiert als Spiegel einer Ära, in der das Patriarchat tief in die alltäglichen Praktiken, in Wirtschaft und Kultur, in Gesetzgebung und soziale Normen eingebettet war. Auf den ersten Blick präsentiert uns die Serie eine nostalgische Kulisse – die elegante Werbewelt des Madison Avenue Advertising –, doch bei genauerem Hinsehen erweist sie sich als vielschichtiges Werk, das die Mechanismen von Macht, die Konstruktion von Geschlechterrollen und die daraus resultierenden moralischen Dilemmata seziert. Dabei wirft sie grundlegende Fragen über die menschliche Natur, über Moral und über soziale Gefüge auf. Sie geht weit über ästhetisiertes Entertainment hinaus und entwickelt sich zu einer Aufforderung, die Strukturen, in denen wir leben, kritisch zu hinterfragen, unsere Werte zu prüfen und unser Handeln bewusst zu gestalten.

Die späten 1950er bis frühen 1970er Jahre in den USA waren eine Phase großer Umbrüche. Bürgerrechtsbewegung, Feminismus und gesellschaftliche Proteste stellten traditionelle Werte infrage. Doch das Patriarchat – verstanden als ein soziales Gefüge, in dem Männer dominante Rollen in politischen Führungspositionen, moralischer Autorität, sozialem Privileg und Kontrolle über Eigentum innehaben – behielt lange seine überragende Stellung. Es infiltrierte praktisch alle Lebensbereiche. Im Kontext von *Mad Men* sehen wir dies in der Werbeagentur Sterling Cooper (später Sterling Cooper Draper Pryce) ganz konkret: Die Männer treffen die Entscheidungen, halten Machtpositionen und definieren die Regeln des Spiels, während Frauen, selbst wenn sie Talente und Ambitionen haben, ständig an eine gläserne Decke stoßen.

Diese Geschlechterrollen waren strikt kodifiziert: Männer als Ernährer, Entscheider, Lenker; Frauen als „perfekte" Ehefrauen, Mütter, dekoratives Beiwerk in den Büros und auf Geschäftsfeiern. Simone de Beauvoirs Dekonstruktion der Weiblichkeit in *Das andere Geschlecht* (1949) beleuchtet die Wurzeln dieses Systems. Frauen wurden als „das Andere" betrachtet, als Subjekte zweiter Ordnung, deren primäre Funktion Unterstützung und Reproduktion war. Innerhalb von *Mad Men* wird diese Dynamik im Mikrokosmos des Büroalltags deutlich: Sekretärinnen dienen als Hüterinnen der männlichen Ordnung, organisieren Termine, servieren Kaffee, sind Empfängerinnen von Anzüglichkeiten – doch ihr geistiges Potenzial wird weitgehend ignoriert.

Betty Draper erscheint als Paradebeispiel der gut situierten Vorstadthausfrau: äußerlich makellos, stets adrett gekleidet und auf elegante Weise passiv. Hinter dieser Fassade herrscht jedoch innere

Leere. In Szenen, in denen Betty teilnahmslos durch ihr perfektes Heim schreitet, die Kinder tadelt oder apathisch aus dem Fenster sieht, wird klar, dass ihr Leben von de Beauvoirs Konzept der Immanenz geprägt ist. Sie ist auf die Rolle der Hausfrau und Mutter reduziert.

Trotz materiellen Wohlstands bleibt sie geistig unterversorgt, wie von Betty Friedan in *Der Weiblichkeitswahn* (1963) beschrieben, der das „Problem ohne Namen" vieler Frauen in dieser Ära diagnostizierte: eine diffuse Unzufriedenheit, resultierend aus einem Mangel an Selbstverwirklichung.

Peggy Olson hingegen repräsentiert einen anderen Weg, der nicht minder steinig ist. Von der unscheinbaren Sekretärin zur ersten weiblichen Werbetexterin der Agentur – Peggys Aufstieg ist von unzähligen Grenzüberschreitungen geprägt. Sie stellt sich sexistischen Kommentaren, Vorurteilen und einer allgegenwärtigen Geringschätzung ihrer Fähigkeiten.

In einer Schlüsselszene (Staffel 1, Episode 6 „Babylon") überrascht Peggy ihre Vorgesetzten mit einer eigenen Idee, die jenseits der erwarteten Weiblichkeitsklischees liegt.

Dieser Moment zeigt, wie Peggy sich weigert, in vorgefertigte Schablonen zu passen. Ihr Streben nach Anerkennung und beruflicher Autonomie spiegelt die Emanzipationsprozesse wider, die in der gesamten Gesellschaft an Fahrt aufnahmen.

Joan Holloway (später Joan Harris) navigiert wiederum anders durch die patriarchalen Strukturen: Sie nutzt ihre soziale Intelligenz, ihre Fähigkeit, Situationen zu lesen und Einfluss auszuüben. Doch gleichzeitig ist sie Opfer von Objektifizierung und sexueller Belästigung. In der Episode „The Other Woman" (Staffel 5, Episode 11) muss Joan eine bittere Entscheidung treffen, um sich wirtschaftlich und machtpolitisch besser zu positionieren. Dieser düstere Kompromiss beleuchtet, wie tiefgreifend das patriarchale System Frauen in moralische Zwickmühlen drängt, in denen jede Option Verluste mit sich bringt. Pierre Bourdieus Konzept der „symbolischen Gewalt" (Bourdieu, 1982) hilft, diese subtilen Machtmechanismen zu verstehen: Auch wenn keine physische Gewalt ausgeübt wird, erzwingt das System Konformität und unterdrückt die Selbstbestimmung.

Die männlichen Protagonisten von *Mad Men* profitieren vordergründig von diesem System, sind aber auch dessen Gefangene.

Don Draper, souverän und charismatisch, definiert sich über Erfolg, Dominanz und Kontrolle – doch seine inneren Konflikte, seine Einsamkeit und seine Unfähigkeit, authentische Beziehungen aufzubauen, offenbaren, wie das Patriarchat auch Männern schadet. Er dient als Symbol für die

Verstrickungen, die entstehen, wenn Menschen sich an Rollenklischees klammern, um ihre Identität zu festigen. In einer Szene (Staffel 2, Episode 5 „The New Girl"), in der Don Peggy nach einer persönlichen Krise emotionslos mit den Worten „You'll be alright. This never happened" zurücklässt, wird deutlich, wie wenig Raum für Empathie und wechselseitige Anerkennung in den starren Geschlechterstereotypen bleibt.

Die philosophische Auseinandersetzung mit dem Patriarchat zeigt, dass es nicht nur um Gesetze, Institutionen oder sichtbare Unterdrückung geht, sondern um ein Netz aus Praktiken, Sprache, Gesten und unausgesprochenen Annahmen. Michel Foucaults Konzept der allgegenwärtigen Macht (Foucault, 1975) verdeutlicht, wie tiefgreifend diese Mechanismen sind. Das Patriarchat erfordert eine Dekonstruktion, die auf Bewusstwerdung, kritische Reflexion und kollektive Anstrengungen zur Veränderung beruht.

Die feministische Bewegung der 1960er und 70er Jahre forderte diese Strukturen offen heraus. Kate Milletts *Sexus und Herrschaft* (1970) analysierte die persönlichen und politischen Dimensionen der Geschlechterverhältnisse und entlarvte die Machtstrukturen, die das Patriarchat perpetuieren.

Mad Men reflektiert diesen Wandel, indem Peggy und Joan sukzessive ihre Positionen neu aushandeln, Männer wie Don und Roger Sterling von neuen Realitäten überrascht werden und die Zuschauer erleben, wie ein einst starr wirkendes System Risse bekommt.

Was bedeutet dies für unser Verständnis von menschlicher Natur, Moral und sozialen Gefügen? *Mad Men* zeigt, dass Menschen stets in historische und kulturelle Kontexte eingebettet sind. Moralische Entscheidungen sind nicht in einem luftleeren Raum möglich, sondern unterliegen den Zwängen und Erwartungen der Gesellschaft. Doch die Serie beweist auch, dass Individuen frei genug sind, Widerstand zu leisten, sich neuen Ideen zu öffnen und dadurch an moralischer Reife zu gewinnen. Sie ist eine Erinnerung daran, dass Authentizität, Selbstverwirklichung und ethisches Handeln nicht ohne Konflikte errungen werden.

Betrachtet man *Mad Men* im Lichte existenzieller und feministischer Philosophie, wird deutlich, dass es eine Einladung ist, sich nicht nur passiv von Strukturen formen zu lassen, sondern selbst aktiv zu handeln. Sie ruft uns dazu auf, kritisch darüber nachzudenken, wie wir mit anderen umgehen, welche Werte uns leiten und wo wir unsere Verantwortung wahrnehmen. Die Serie lässt uns erkennen, dass die Herausforderungen des

Lebens – seien es nun patriarchale Machtgefüge, moralische Dilemmata oder die Suche nach Authentizität – uns immer wieder vor Entscheidungen stellen, die unsere Identität formen.

Mad Men ist damit nicht nur ein historisches Porträt einer Ära, sondern ein philosophischer Spiegel, in dem wir unsere eigene Zeit betrachten können. Die Fragen nach Gerechtigkeit, Gleichberechtigung und moralischer Integrität sind auch heute virulent. Die Serie animiert uns, diese Fragen nicht aus Bequemlichkeit oder Nostalgie zu umgehen, sondern sie mutig anzugehen. Denn letztlich ist es unsere Verantwortung, die Welt, in der wir leben, nach unseren Überzeugungen zu gestalten, Machtgefälle aufzubrechen und den Weg für mehr Autonomie und Freiheit zu ebnen.

Quellen:

Adorno, T. W., & Horkheimer, M. (1947). *Dialektik der Aufklärung*. Amsterdam: Querido.

Beauvoir, S. de (1949). *Das andere Geschlecht*. Paris: Gallimard.

Butler, J. (1990). *Das Unbehagen der Geschlechter*. Frankfurt am Main: Suhrkamp.

Foucault, M. (1975). *Überwachen und Strafen: Die Geburt des Gefängnisses*. Frankfurt am Main: Suhrkamp.

Friedan, B. (1963). *Der Weiblichkeitswahn oder Die Selbstbefreiung der Frau*. München: Nymphenburger Verlagshandlung.

Millett, K. (1970). *Sexus und Herrschaft*. New York: Doubleday.

Freud, S. (1905). *Drei Abhandlungen zur Sexualtheorie*. Leipzig: Franz Deuticke.Bourdieu, P. (1982). *Die feinen Unterschiede: Kritik der gesellschaftlichen Urteilskraft*. Frankfurt am Main: Suhrkamp.

Butler, J. (1990). *Das Unbehagen der Geschlechter*. Frankfurt am Main: Suhrkamp.

de Beauvoir, S. (1949). *Das andere Geschlecht*. Paris: Gallimard.

Fromm, E. (1941). *Die Furcht vor der Freiheit*. New York: Farrar & Rinehart.

Friedan, B. (1963). *Der Weiblichkeitswahn oder Die Selbstbefreiung der Frau*. München: Nymphenburger Verlagshandlung.

Morrison, A. M., White, R. P., & Van Velsor, E. (1987). *Breaking the Glass Ceiling: Can Women Reach the Top of America's Largest Corporations?* Reading, MA: Addison-Wesley.

Steinem, G. (1972). *Ms. Magazine*. New York: Ms. Foundation.

Die Protagonisten von *Mad Men* verkörpern aufs Eindringlichste die existenzielle Vacuität und das Streben nach Sinnhaftigkeit, welche die moderne menschliche Condition prägen. In der funkelnden Sphäre der Werbebranche der 1960er Jahre ringen sie mit inneren Konflikten, Identitätskrisen und dem Bestreben nach Authentizität. Dieses Kapitel vertieft die ontologischen Herausforderungen der Figuren und verknüpft sie mit den Reflexionen großer Philosophen.

Die existenzielle Leere und die Suche nach Sinn sind fundamentale Themen in der Philosophie des 19. und 20. Jahrhunderts, intensiv exploriert von Denkern wie Kierkegaard, Heidegger, Sartre und Camus. Diese Philosophen haben auf divergente Weise versucht, das menschliche Dasein in einer Welt zu verstehen, die oft als sinnentleert oder absurd empfunden wird.

Søren Kierkegaard, häufig als Vater des Existentialismus tituliert, initiierte diese Erkundung mit der Emphase auf das Individuum und dessen inneren Konflikte. In einer Ära, in der die christliche Religion die dominierende Sinnquelle war, konstatierte Kierkegaard, dass das Individuum dennoch mit Verzweiflung und Angst konfrontiert ist. Er beschrieb die "Verzweiflung" als Resultat der Diskrepanz zwischen dem, was man ist, und dem, was man sein möchte. Für Kierkegaard ist die "Angst" nicht nur eine negative Emotion, sondern auch ein Indikator für die Freiheit des Individuums, Entscheidungen zu treffen. Er postulierte, dass wahre Sinnfindung erst durch einen "Sprung des Glaubens" möglich ist – eine bewusste Entscheidung, an etwas zu glauben, das über das rationale Verständnis hinausgeht.

Martin Heidegger entwickelte diese Gedanken weiter, indem er das Konzept des "Daseins" einführte, um das menschliche Sein in der Welt zu beschreiben. In seinem Opus magnum *Sein und Zeit* untersuchte er die Modalitäten, wie Menschen ihr eigenes Sein verstehen. Heidegger betonte die Notwendigkeit, sich der eigenen "Geworfenheit" in die Welt bewusst zu werden und die "Authentizität" des eigenen Daseins zu suchen. Die existenzielle Leere entsteht, wenn das Individuum sich in der Alltäglichkeit verliert und den Kontakt zu seinem wahren Selbst verliert. Durch die Konfrontation mit der "Seinsfrage" und der Anerkennung der eigenen Sterblichkeit – dem "Sein zum Tode" – kann der Mensch eine authentische Sinnhaftigkeit erlangen.

Jean-Paul Sartre akzentuierte die Diskussion mit seiner Prämisse, dass "die Existenz der Essenz vorausgeht".

Für Sartre bedeutet dies, dass der Mensch ohne vorgegebene Bestimmung in die Welt geworfen wird und erst durch seine Handlungen und Entscheidungen Bedeutung kreiert. Die existenzielle Leere ist für ihn ein Ausgangspunkt, kein Endzustand. Sartre betonte die radikale Freiheit des Individuums, die jedoch auch eine immense Verantwortung impliziert. Die Menschen sind "zur Freiheit verurteilt", was bedeutet, dass sie ständig gezwungen sind, ihren eigenen Sinn zu erschaffen, ohne sich auf vorgegebene Strukturen stützen zu können. Die "Unaufrichtigkeit" oder "mauvaise foi" tritt ein, wenn Individuen diese Freiheit negieren und sich hinter gesellschaftlichen Rollen oder Determinismen verbergen.

Albert Camus hingegen fokussierte sich auf das Absurde – das Spannungsfeld zwischen dem menschlichen Streben nach Sinn und der indifferenten Welt, die keinen solchen Sinn bietet. In *Der Mythos des Sisyphos* beschreibt Camus den Menschen als jemanden, der verzweifelt nach Bedeutung sucht, nur um festzustellen, dass das Universum schweigt. Die existenzielle Leere ist hier die Erkenntnis der Sinnlosigkeit. Doch anstatt in Verzweiflung zu versinken, propagiert Camus die "trotzige Akzeptanz" des Absurden. Er argumentiert, dass man trotz der Absurdität des Lebens Revolte, Freiheit und Leidenschaft finden kann. Sisyphos, der ewig den Felsen den Berg hinaufrollt, wird zum Helden, weil er sein Schicksal annimmt und ihm trotzt.

Diese philosophischen Ansätze bilden zusammen ein komplexes Tableau der existenziellen Leere und der Sinnsuche. Kierkegaards Fokus auf den individuellen Glauben als Ausweg aus der Verzweiflung bietet einen persönlichen Zugang. Heidegger lädt dazu ein, sich der eigenen Existenz und Sterblichkeit bewusst zu werden, um Authentizität zu erlangen. Sartre fordert die Menschen auf, ihre Freiheit anzuerkennen und aktiv Sinn zu schaffen, während Camus vorschlägt, die Absurdität des Lebens zu akzeptieren und dennoch erfüllt zu leben.

Kritisch betrachtet offerieren diese Ansätze sowohl Hoffnung als auch Herausforderungen. Die Betonung der individuellen Verantwortung kann befreiend sein, aber auch überfordernd wirken. Die Anerkennung der Sinnlosigkeit des Universums kann zu Nihilismus führen, aber auch zu einer tieferen Wertschätzung des Lebens im Hier und Jetzt. Die Philosophen appellieren an das Individuum, sich aktiv mit seiner Existenz auseinanderzusetzen, anstatt passive Rollen zu übernehmen.

In der heutigen Zeit, geprägt von Informationsflut, technologischer Beschleunigung und fragmentierten sozialen Strukturen, sind diese Fragen relevanter denn je. Die existenzielle Leere manifestiert sich in modernen Formen von Entfremdung, Burnout und Sinnkrisen. Die Philosophien von Kierkegaard, Heidegger, Sartre und Camus bieten Instrumente, um diese Herausforderungen zu navigieren. Sie ermutigen dazu, Authentizität zu suchen, Verantwortung zu übernehmen und trotz der Widrigkeiten einen persönlichen Sinn zu finden.

Don Drapers radikaler Identitätswechsel symbolisiert seine Flucht vor einer traumatischen Vergangenheit und den Versuch, sich selbst neu zu konstituieren. Dieser Akt spiegelt Sartres Konzept der bereits genannten "mauvaise foi" wider, bei dem Individuen sich selbst täuschen, um unangenehmen Wahrheiten auszuweichen (Sartre, 1943). Don hält an einer künstlichen Identität fest, was ihn in ständiger innerer Unruhe belässt. Seine zahlreichen Affären und sein exzessiver Lebensstil dienen als Ablenkung von seiner inneren Vacuität. Sein Gefühl der Entwurzelung ist emblematisch für Camus' Konzept des Absurden, bei dem das menschliche Streben nach Sinn in einer sinnlosen Welt auf Widerstand stößt (Camus, 1942).

Peggy Olsons Suche nach Anerkennung und Selbstverwirklichung führt zu inneren Konflikten und Isolation. Trotz beruflicher Erfolge hinterfragt sie oft den wahren Wert ihrer Arbeit.

Ihre Zweifel spiegeln Sartres Idee der existenziellen Freiheit wider, bei der das Individuum gezwungen ist, eigene Werte zu schaffen und

Verantwortung für sein Leben zu übernehmen (Sartre, 1946). Peggys Entscheidungen symbolisieren den Mut, sich von gesellschaftlichen Erwartungen zu emanzipieren und einen authentischen Weg zu suchen.

Roger Sterlings Sinnkrise, trotz materiellen Wohlstands, ist Ausdruck seines Bedürfnisses, der Monotonie und Bedeutungslosigkeit seines Lebens zu entfliehen. Seine Versuche, durch neue Erfahrungen und spirituelle Erkundungen einen Sinn zu finden, können mit Nietzsches Konzept der Selbstüberwindung in Verbindung gebracht werden, bei dem der Mensch ständig über sich hinauswachsen muss, um authentisch zu leben (Nietzsche, 1883).

Die moderne Arbeitswelt der Werbebranche wird als Ort dargestellt, der sowohl Kreativität als auch Entfremdung fördert. Die Charaktere müssen persönliche Werte kompromittieren, um beruflich erfolgreich zu sein, was an Marx' Theorie der Entfremdung erinnert (Marx, 1844).

Die ständige Manipulation der Realität in der Werbung verstärkt dieses Gefühl der Entfremdung. Die Arbeit wird zur Quelle der inneren Leere, anstatt zur Selbstverwirklichung beizutragen.

Betty Drapers existenzielle Vacuität in ihrer Rolle als Hausfrau und Mutter spiegelt Kierkegaards Konzept der Verzweiflung wider, bei dem das

Individuum zwischen dem, was es ist, und dem, was es sein möchte, oszilliert (Kierkegaard, 1849). Trotz äußerer Perfektion fühlt sie sich innerlich unerfüllt, was zu persönlichen Krisen führt.

Die Strategien der Charaktere, mit ihrer inneren Zerrissenheit umzugehen, sind vielfältig. Einige suchen Trost in flüchtigen Beziehungen oder materiellen Gütern, andere versuchen, durch Arbeit oder Kreativität einen Sinn zu finden. Doch diese Versuche scheitern oft an der Oberflächlichkeit einer Gesellschaft, die auf Konsum und Image fixiert ist. Heideggers Konzept der "Verfallenheit" an das "Man" beschreibt, wie Individuen in der Alltäglichkeit aufgehen und ihre Authentizität verlieren (Heidegger, 1927). Die Charaktere sind oft gefangen in sozialen Rollen und Erwartungen, die sie von ihrem wahren Selbst entfernen.

Die Frage nach der Authentizität ist ein zentrales Motiv. Don Drapers Doppelleben führt zu Isolation und verhindert echte Beziehungen. Seine Unfähigkeit, seine wahre Identität preiszugeben, spiegelt die Spannung zwischen Schein und Sein wider. Sein innerer Konflikt zeigt die Sehnsucht nach echter Verbindung und Selbstakzeptanz, während er gleichzeitig von der Angst vor Enthüllung und Ablehnung geplagt wird.

Die gesellschaftlichen Veränderungen der 1960er Jahre verstärken die existenzielle Unsicherheit der Charaktere. Politische Unruhen, kulturelle Revolutionen und ein Wertewandel führen zu einem kollektiven Sinnverlust. Ginsbergs Kritik an der Konsumkultur und seine Entfremdung spiegeln die Spannungen einer Gesellschaft wider, die zwischen Tradition und Wandel steht. Camus' Idee der Revolte als Antwort auf das Absurde findet Resonanz in den Handlungen einiger Charaktere, die die Erwartungen der Gesellschaft ablehnen und nach eigenen Werten leben (Camus, 1942).

Die existenzielle Leere wird auch durch Motive von extremer Isolation und gestörter Kommunikation verdeutlicht. Trotz ständiger Interaktion in der Arbeitswelt sind echte Verbindungen rar. Die Charaktere nutzen Sprache oft als Mittel der Manipulation statt der echten Verständigung. Lacans Theorie des Mangels im Symbolischen besagt, dass das Subjekt immer nach dem unerreichbaren Anderen sucht (Lacan, 1966). Dieses unstillbare Verlangen nach Erfüllung spiegelt sich in den Beziehungen und Interaktionen der Charaktere wider.

Visuelle Elemente der Serie unterstreichen die existenzielle Thematik. Leere Räume, Spiegel und Schatten betonen die innere Isolation. Die ästhetische Gestaltung verstärkt das Gefühl von Entfremdung und Sinnsuche, indem sie die

Diskrepanz zwischen äußerem Glanz und innerer Leere hervorhebt.

Sally Draper repräsentiert die jüngere Generation, die mit den Widersprüchen der Elterngeneration konfrontiert ist. Ihre Beobachtungen der Unehrlichkeit und Heuchelei der Erwachsenenwelt führen zu ihrer eigenen Identitätskrise. Sie steht exemplarisch für die Suche nach Authentizität in einer Welt, die von Schein und Oberflächlichkeit geprägt ist.

Die Rolle der Kreativität als Mittel zur Sinnsuche wird thematisiert. Stans künstlerische Ambitionen stehen im Konflikt mit den kommerziellen Anforderungen der Werbewelt, was Adornos Kritik an der Kulturindustrie widerspiegelt, die Kunst zur Ware degradiert (Adorno, 1947). Die Einschränkung kreativer Ausdrucksformen verstärkt das Gefühl der Entfremdung und untergräbt das Streben nach authentischem Selbstausdruck.

Die Charaktere sind oft gefangen zwischen persönlichen Wünschen und gesellschaftlichen Erwartungen. Pete Campbells Streben nach Erfolg und Anerkennung führt zu persönlicher Unzufriedenheit und destruktivem Verhalten. Dies illustriert Fromms These, dass das Streben nach äußerem Erfolg ohne innere Orientierung zu Isolation und Angst führt (Fromm, 1941). Die Jagd nach Status und materiellen Gütern erweist sich als hohl und unbefriedigend.

Die Authentizität von Beziehungen in einer mate-rialistischen Gesellschaft wird kritisch hinter-fragt. Viele Verbindungen sind oberflächlich oder von Eigennutz geprägt. Megan Drapers Suche nach Selbstverwirklichung und die daraus resul-tierenden Konflikte zeigen die Herausforderun-gen, echte Beziehungen in einer individualisti-schen Kultur aufzubauen. Die Unfähigkeit, tief-gehende zwischenmenschliche Verbindungen zu etablieren, verstärkt das Gefühl der Isolation.

So bietet *Mad Men* eine vielschichtige Darstel-lung der existenziellen Herausforderungen in der modernen Gesellschaft.

Die Verknüpfung mit existenzialistischen Theo-rien vertieft das Verständnis für die fundamenta-len menschlichen Fragen nach Sinn, Authentizität und Identität. Die Serie reflektiert die Bedingun-gen des Daseins in einer sich ständig verändern-den Welt und lädt dazu ein, über die eigene Suche nach Bedeutung nachzudenken. Sie zeigt, dass die Auseinandersetzung mit der inneren Leere und das Streben nach authentischem Leben uni-verselle Themen sind, die über die spezifische Zeit und den Ort der Handlung hinausgehen.

Quellen:

Adorno, T. W. (1947). *Dialektik der Aufklärung*. Amsterdam: Querido.

Kierkegaard, S. (1849). *Die Krankheit zum Tode*. Kopenhagen: C.A. Reitzel.

Heidegger, M. (1927). *Sein und Zeit*. Tübingen: Max Niemeyer Verlag.

Sartre, J.-P. (1943). *Das Sein und das Nichts*. Paris: Gallimard.

Sartre, J.-P. (1946). *Der Existentialismus ist ein Humanismus*. Paris: Les Éditions Nagel.

Camus, A. (1942). *Der Mythos des Sisyphos*. Paris: Gallimard.

Fromm, E. (1941). *Die Furcht vor der Freiheit*. New York: Farrar & Rinehart.

Lacan, J. (1966). *Écrits*. Paris: Seuil.

Marx, K. (1844). *Ökonomisch-philosophische Manuskripte*. Paris.

Nietzsche, F. (1883). *Also sprach Zarathustra*. Chemnitz: Ernst Schmeitzner.

Kapitel 6: Das Problem der Authentizität

Was bedeutet es, authentisch zu sein? Diese Frage stellt sich jeder Mensch irgendwann in seinem Leben. Authentizität ist nicht nur ein philosophisches Konzept, sondern eine lebendige Erfahrung, die unser tägliches Handeln und Denken beeinflusst. Es geht darum, ein Leben zu führen, das im Einklang mit den eigenen Werten, Überzeugungen und Gefühlen steht, ohne sich von äußeren Erwartungen und gesellschaftlichen Normen leiten zu lassen.

Søren Kierkegaard, einer der Begründer des Existentialismus, betonte die Bedeutung des individuellen Daseins und der persönlichen Verantwortung. Für ihn war Authentizität eng verbunden mit der Fähigkeit, Entscheidungen zu treffen, die aus dem tiefsten Inneren kommen. Er sah den Menschen als ein Wesen, das ständig zwischen Verzweiflung und Hoffnung schwankt, und glaubte, dass echte Authentizität nur durch die Auseinandersetzung mit sich selbst erreicht werden kann.

Martin Heidegger führte diesen Gedanken weiter und prägte den Begriff der "Eigentlichkeit".

In seinem Werk *Sein und Zeit* untersuchte er, wie der Mensch oft in die Alltäglichkeit und das "Man" verfällt, wodurch er seine eigene Identität verliert.

Authentisch zu sein bedeutet für Heidegger, sich der eigenen Sterblichkeit bewusst zu werden und das Leben entsprechend zu gestalten. Es erfordert Mut, sich von der Masse abzuheben und den eigenen Weg zu gehen.

Jean-Paul Sartre brachte die Diskussion auf den Punkt, indem er erklärte: "Der Mensch ist zur Freiheit verurteilt." Für Sartre liegt Authentizität in der Anerkennung dieser radikalen Freiheit und der Verantwortung, die damit einhergeht. Er kritisierte die "mauvaise foi" oder Unaufrichtigkeit, wenn Menschen sich selbst belügen, um der Last der Freiheit zu entgehen. Authentizität erfordert demnach Ehrlichkeit gegenüber sich selbst und die Bereitschaft, die Konsequenzen der eigenen Entscheidungen zu tragen.

Albert Camus ergänzte diese Perspektive durch sein Konzept des Absurden. In einer Welt ohne vorgegebenen Sinn steht der Mensch vor der Herausforderung, dennoch Bedeutung zu finden. Camus schlug vor, das Leben voller Leidenschaft zu leben und die Absurdität zu akzeptieren, ohne in Verzweiflung zu verfallen. Authentizität ist hier die bewusste Entscheidung, trotz der Sinnlosigkeit des Universums eigene Werte zu schaffen und danach zu leben.

Die moderne Gesellschaft stellt jedoch zahlreiche Hindernisse auf dem Weg zur Authentizität.

Soziale Medien fördern eine Kultur der Selbstdarstellung, in der das wahre Selbst oft hinter idealisierten Bildern und Rollen verschwindet. Wir sind ständig von Informationen und Erwartungen umgeben, die uns sagen, wie wir zu sein haben. Dies erschwert es, die eigene Stimme zu hören und den eigenen Weg zu finden.

Die Psychologie bietet weitere Einsichten. Carl Rogers betonte die Bedeutung der "Kongruenz", also der Übereinstimmung zwischen dem, was wir erleben, und dem, was wir ausdrücken. Ein authentisches Leben erfordert demnach Offenheit und Ehrlichkeit, sowohl gegenüber sich selbst als auch gegenüber anderen. Wenn wir uns verstellen oder anpassen, um anderen zu gefallen, verlieren wir den Kontakt zu unserem wahren Selbst.

Michel Foucault untersuchte die Machtstrukturen, die unsere Identität formen. Er argumentierte, dass gesellschaftliche Normen und Diskurse uns prägen und oft unbewusst beeinflussen. Authentizität bedeutet in diesem Kontext, sich dieser Einflüsse bewusst zu werden und kritisch zu hinterfragen, wer wir wirklich sind und wer wir sein wollen.

In der Literatur finden sich zahlreiche Beispiele für die Suche nach Authentizität. Herman Hesses *Siddhartha* erzählt die Geschichte eines Mannes, der alle äußeren Besitztümer und Rollen hinter sich lässt, um sein wahres Selbst zu finden.

Die Reise zur Selbstentdeckung wird als ein Prozess dargestellt, der Mut, Geduld und Hingabe erfordert.

Aber wie können wir im Alltag authentisch sein? Es beginnt damit, innezuhalten und sich selbst zuzuhören. Welche Werte sind uns wirklich wichtig? Welche Ziele verfolgen wir aus eigenem Antrieb, und welche wurden uns von außen auferlegt? Es erfordert auch die Bereitschaft, Fehler zu machen und aus ihnen zu lernen. Authentizität bedeutet nicht Perfektion, sondern Echtheit.

Es ist hilfreich, sich mit Menschen zu umgeben, die unsere Authentizität unterstützen und fördern. Echte Beziehungen basieren auf Vertrauen und Offenheit, und sie geben uns den Raum, wir selbst zu sein. Gleichzeitig müssen wir bereit sein, andere in ihrer Authentizität anzuerkennen und zu respektieren.

Die Suche nach Authentizität ist ein lebenslanger Prozess. Sie fordert uns heraus, ständig zu wachsen und uns weiterzuentwickeln. Es ist ein Weg, der Mut erfordert, aber auch reich an Belohnungen ist. Ein authentisches Leben führt zu größerer Zufriedenheit, tieferen Beziehungen und einem Gefühl von Sinn und Erfüllung.

Es lässt sich sagen, dass Authentizität kein festes Ziel ist, sondern eine Haltung zum Leben. Sie erfordert Bewusstsein, Reflexion und den Willen, den eigenen Weg zu gehen, selbst wenn er gegen den Strom führt. In einer Welt voller Ablenkungen und äußerer Einflüsse ist die Rückbesinnung auf das eigene Selbst vielleicht die wichtigste Aufgabe, die wir haben.

Die Spannung zwischen Schein und Sein ist ein zentrales Motiv in *Mad Men* und durchzieht die Serie als grundlegendes Thema, das die komplexen Dynamiken der Identitätskonstruktion in der modernen Gesellschaft beleuchtet. Die Figuren navigieren durch eine Welt, in der äußere Erscheinung und Imagepflege von entscheidender Bedeutung sind, insbesondere in der Werbebranche, die selbst auf der Manipulation von Wahrnehmungen und der Schaffung von Illusionen basiert. Don Draper verkörpert diese Thematik in ihrer extremsten Form. Seine gesamte Existenz basiert auf einer fundamentalen Täuschung: dem Diebstahl der Identität von Dick Whitman zu Don Draper während des Koreakrieges. Dieser Identitätswechsel ist nicht nur ein persönlicher Akt der Flucht vor einer traumatischen Vergangenheit, sondern symbolisiert auch die Möglichkeit der Selbsterschaffung und -inszenierung in der amerikanischen Gesellschaft.

Dons Leben unter einer angenommenen Identität beeinflusst alle Aspekte seines Daseins. Er ist gezwungen, ständig eine Fassade aufrechtzuerhalten, um seine wahre Vergangenheit zu verbergen.

Dieser permanente Zustand der Täuschung führt zu inneren Konflikten und einer tiefen Entfremdung von sich selbst und anderen.

Die Spannung zwischen seinem äußeren Erfolg als charismatischer Werbefachmann und seinem inneren Gefühl der Leere ist ein zentrales Element seiner Charakterentwicklung.

Jean-Paul Sartres Konzept der "mauvaise foi" oder Unaufrichtigkeit ist hier besonders relevant. In *Das Sein und das Nichts* beschreibt Sartre, wie Individuen sich selbst belügen, um der Angst vor der eigenen Freiheit und der Verantwortung für ihre Entscheidungen zu entgehen (Sartre, 1943). Don lebt in einem Zustand permanenter Unaufrichtigkeit, indem er eine Persona verkörpert, die nicht seinem authentischen Selbst entspricht. Seine Lügen dienen nicht nur dem Schutz vor Entdeckung, sondern ermöglichen es ihm auch, den gesellschaftlichen Erwartungen zu entsprechen und ein erfolgreiches Bild zu projizieren.

Die Spannung zwischen öffentlicher und privater Identität zeigt sich deutlich in Dons persönlichen Beziehungen. Seine Ehe mit Betty ist geprägt von Geheimnissen, Misstrauen und emotionaler Distanz. Obwohl er nach außen hin das Bild des perfekten Ehemanns und Familienvaters präsentiert, ist er innerlich isoliert und unfähig, echte Intimität zuzulassen.

Dieses Auseinanderklaffen von Erscheinung und Realität führt zu einer zunehmenden inneren Zerrissenheit und verstärkt sein Gefühl der Entfremdung.

Søren Kierkegaard thematisiert in *Entweder – Oder* die Bedeutung der Authentizität und warnt vor der Verzweiflung, die entsteht, wenn das Individuum nicht im Einklang mit seinem wahren Selbst lebt (Kierkegaard, 1843). Dons Unfähigkeit, seine wahre Identität anzuerkennen und offen mit seiner Vergangenheit umzugehen, verhindert authentische zwischenmenschliche Verbindungen und führt zu einer existenziellen Krise. Sein ständiges Versteckspiel isoliert ihn nicht nur von seiner Familie, sondern auch von sich selbst. Die Serie nutzt verschiedene symbolische Elemente, um das Thema der Authentizität zu verstärken. Spiegel und Reflexionen werden häufig verwendet, um die duale Natur der Charaktere zu visualisieren. In einer Schlüsselszene betrachtet Don sein eigenes Spiegelbild nach einer gescheiterten Präsentation und sieht darin nicht sich selbst, sondern eine leere Hülle (*Mad Men*, Staffel 4, Episode 7). Diese visuellen Motive unterstreichen die Diskrepanz zwischen dem äußeren Schein und dem inneren Selbst und verdeutlichen die Schwierigkeiten, die die Figuren bei der Selbstwahrnehmung haben.

Die Problematik der Authentizität ist jedoch nicht auf Don beschränkt. Auch andere Charaktere kämpfen mit Identitätskonflikten und der Spannung zwischen gesellschaftlichen Erwartungen und persönlicher Wahrheit. Peggy Olson beispielsweise ringt mit ihrer Rolle als Frau in einer von Männern dominierten Branche und muss Entscheidungen treffen, die ihr persönliches Leben und ihre beruflichen Ambitionen in Konflikt bringen. Pete Campbell sucht ständig nach Anerkennung und Bestätigung, um sein Selbstwertgefühl zu stärken, und ist bereit, dafür seine eigenen Werte zu kompromittieren.

Erich Fromm argumentiert in *Die Kunst des Liebens*, dass die moderne Gesellschaft Menschen zur Entfremdung von sich selbst führt, indem sie Konformität und Oberflächlichkeit fördert (Fromm, 1956). Die Charaktere in *Mad Men* verkörpern diese Entfremdung, da sie oft ihre wahren Gefühle und Bedürfnisse unterdrücken, um den sozialen Normen zu entsprechen. Die ständige Performance gesellschaftlich akzeptierter Rollen verhindert echte Selbstverwirklichung und führt zu innerer Leere.

Die Werbebranche als Setting der Serie verstärkt die Problematik der Authentizität. Die Arbeit der Charaktere besteht darin, Illusionen zu kreieren und Produkte durch idealisierte Vorstellungen zu verkaufen. Diese professionelle Manipulation von Wahrnehmungen spiegelt die persönlichen Täuschungen der Figuren wider.

Walter Benjamin diskutiert in *Das Kunstwerk im Zeitalter seiner technischen Reproduzierbarkeit* den Verlust der Aura des Originals durch die Massenreproduktion (Benjamin, 1936). In *Mad Men* wird die Einzigartigkeit des Individuums durch die ständige Reproduktion von Stereotypen und Idealen in der Werbung untergraben, was zur Verflachung der individuellen Identität führt.

Die Serie stellt kritisch die Frage, ob wahre Authentizität in einer solchen Gesellschaft überhaupt möglich ist. Die ständige Notwendigkeit, Rollen zu spielen und den Erwartungen anderer zu entsprechen, erschwert es den Figuren, ihr wahres Selbst zu entdecken und auszudrücken. Dieses Dilemma führt zu einem Kreislauf aus Täuschung, Selbsttäuschung und weiterer Entfremdung. Die Charaktere sind gefangen in einem System, das Authentizität bestraft und Oberflächlichkeit belohnt.

Friedrich Nietzsche betont in *Also sprach Zarathustra* die Wichtigkeit, über sich selbst hinauszuwachsen und ein authentisches Leben zu führen (Nietzsche, 1883). Don Drapers gelegentliche Versuche, ehrlich zu sein und seine Vergangenheit zu konfrontieren, können als Schritte in diese Richtung gesehen werden. Jedoch werden diese Versuche oft von seiner Angst vor Ablehnung und den Konsequenzen der Wahrheit überschattet. In Momenten der Offenheit, wie in der Szene, in der er seiner damaligen Frau Megan seine wahre Identität gesteht (*Mad Men*, Staffel 4, Episode 8), zeigt sich seine Sehnsucht nach Authentizität und echter Verbindung. Doch die Reaktionen seiner Umgebung verstärken seine Zweifel und führen ihn zurück in die Verkleidung.

Die Spannung zwischen öffentlicher und privater Identität ist nicht nur ein individuelles, sondern auch ein gesellschaftliches Phänomen. *Mad Men* reflektiert eine Ära, in der das Image zunehmend wichtiger wird und die Oberfläche die Tiefe verdrängt. Die 1960er Jahre waren geprägt von einem Boom der Konsumkultur und der Bedeutung von Werbung und Medien. Die Charaktere sind sowohl Produkte als auch Mitgestalter dieser Kultur, in der Authentizität zur Herausforderung wird.

Erving Goffman beschreibt in *Wir alle spielen Theater* die Vorstellung, dass das soziale Leben einer Bühne gleicht, auf der Individuen Rollen spielen und bestimmte Impressionen vermitteln (Goffman, 1959). Die Figuren in *Mad Men* sind Meister dieser Performance, doch das ständige Spielen von Rollen führt zu einer Erosion des echten Selbst. Die Grenzen zwischen Rolle und Identität verschwimmen, und die Frage stellt sich, wer die Figuren wirklich sind, wenn die Masken fallen.

Die Auswirkungen dieser Authentizitätsproblematik zeigen sich in den persönlichen Krisen und dem Leiden der Charaktere. Die ständige Verstellung und das Leben in Lügen führen zu Einsamkeit, Depression und einem Verlust des Sinns. Don Drapers zunehmende Abhängigkeit von Alkohol und seine destruktiven Verhaltensmuster sind Symptome dieser inneren Leere. Seine Unfähigkeit, echte Beziehungen aufzubauen, resultiert aus der Angst, sich verletzlich zu zeigen und die Kontrolle zu verlieren.

Die Serie thematisiert auch die gesellschaftlichen Erwartungen an Männlichkeit und Weiblichkeit und wie diese die Authentizität beeinflussen. Männliche Charaktere fühlen sich oft gezwungen, Stärke, Unabhängigkeit und Erfolg zu demonstrieren, während weibliche Charaktere mit den Erwartungen von Anmut, Unterordnung und Schönheit konfrontiert sind. Diese Rollenbilder verstärken die Notwendigkeit zur Selbstinszenierung und erschweren es den Figuren, ihre wahren Gefühle und Bedürfnisse auszudrücken.

In diesem Kontext ist auch die Rolle der Technologie und der Medien von Bedeutung. Marshall McLuhans Aussage "Das Medium ist die Botschaft" (McLuhan, 1964) betont, dass die Art und Weise, wie Informationen vermittelt werden, die

Wahrnehmung der Realität beeinflusst. In *Mad Men* wird gezeigt, wie Medien und Werbung die Vorstellungen von Identität und Erfolg formen und die Authentizität der Individuen beeinflussen.

Die Frage nach der Möglichkeit von Authentizität in einer durch und durch kommerzialisierten und medialisierten Welt bleibt offen. Die Serie zeigt, dass trotz der Herausforderungen Momente der Ehrlichkeit und Selbstreflexion möglich sind, diese jedoch Mut und die Bereitschaft erfordern, sich den Konsequenzen zu stellen. Die Charaktere müssen entscheiden, ob sie weiterhin in der Komfortzone der Täuschung verbleiben oder den schwierigen Weg der Selbstentdeckung beschreiten wollen.

Ein weiterer Aspekt, der die Problematik der Authentizität vertieft, ist die kulturelle und historische Kontextualisierung der Serie. Die 1960er Jahre waren eine Zeit des gesellschaftlichen Umbruchs, geprägt von Bürgerrechtsbewegungen, dem Aufkommen der Gegenkultur und einer generellen Infragestellung traditioneller Werte. Diese Veränderungen beeinflussen die Charaktere und verstärken ihre Identitätskonflikte. Die junge Generation beginnt, die Masken abzulegen und nach authentischeren Lebensweisen zu suchen, was in starkem Kontrast zur vorherigen Generation steht.

Die Figur Sally Draper, Dons Tochter, repräsentiert diese neue Generation. Sie beobachtet die Widersprüche und Unehrlichkeiten der Erwachsenenwelt und beginnt, diese kritisch zu hinterfragen. Ihre Entwicklung spiegelt die aufkommende Sehnsucht nach Authentizität und Wahrheit wider, die viele Jugendliche dieser Zeit empfanden. Die Interaktionen zwischen Sally und Don verdeutlichen den Generationenkonflikt und die unterschiedlichen Vorstellungen von Identität und Selbstverwirklichung.

Die Serie illustriert auch, wie die Arbeitswelt die Authentizität der Individuen beeinflusst. Die ständige Konkurrenz, der Druck zur Leistung und die Notwendigkeit, sich anzupassen, führen zu Stress und Unzufriedenheit. Richard Sennett thematisiert in *Der flexible Mensch* die Auswirkungen der modernen Arbeitswelt auf die Persönlichkeit und betont, wie Flexibilität und Anpassungsfähigkeit zu Identitätsverlust führen können (Sennett, 1998). Die Charaktere in *Mad Men* erleben diese Herausforderungen hautnah und müssen navigieren zwischen beruflichen Anforderungen und persönlicher Integrität.

Die Beziehungen zwischen den Charakteren sind ebenfalls von der Problematik der Authentizität durchdrungen. Freundschaften und romantische Beziehungen werden oft durch Geheimnisse und unausgesprochene Wahrheiten belastet.

Dies verhindert tiefere Verbindungen und führt zu Misstrauen. Die Unfähigkeit, authentisch zu kommunizieren, verstärkt die Isolation und das Gefühl der Einsamkeit.

Die Serie stellt letztendlich die Frage, ob es möglich ist, ein authentisches Selbst in einer Welt zu bewahren, die ständig nach Anpassung und Performance verlangt. Sie zeigt, dass Authentizität nicht nur eine individuelle, sondern auch eine kollektive Herausforderung ist. Die Gesellschaft muss Strukturen schaffen, die Ehrlichkeit und Selbstverwirklichung ermöglichen, anstatt sie zu behindern.

In philosophischer Hinsicht erinnert *Mad Men* an Michel Foucaults Konzept der "Technologien des Selbst", bei dem Individuen bestimmte Praktiken anwenden, um ihre Identität zu formen (Foucault, 1988). Die Charaktere nutzen verschiedene Strategien, um ihre Rollen zu erfüllen, verlieren dabei jedoch oft den Kontakt zu ihrem wahren Selbst.

Zusammenfassend bietet *Mad Men* eine tiefgehende Reflexion über das Problem der Authentizität in der modernen Gesellschaft. Die Serie zeigt die komplexen Wechselwirkungen zwischen Individuum und Gesellschaft, persönlichen Werten und sozialen Erwartungen. Sie fordert den Zuschauer auf, über die Bedeutung von Ehrlichkeit, Selbstakzeptanz und Mut nachzudenken und die Frage zu stellen, wie wir in einer Welt voller

Masken und Rollen unser wahres Selbst finden und leben können.

Quellen:

Benjamin, W. (1936). *Das Kunstwerk im Zeitalter seiner technischen Reproduzierbarkeit.* Frankfurt am Main: Suhrkamp.

Kierkegaard, S. (1849). *Die Krankheit zum Tode.* Kopenhagen: C.A. Reitzel.

Heidegger, M. (1927). *Sein und Zeit.* Tübingen: Max Niemeyer Verlag.

Sartre, J.-P. (1943). *Das Sein und das Nichts.* Paris: Gallimard.

Camus, A. (1942). *Der Mythos des Sisyphos.* Paris: Gallimard.

Rogers, C. R. (1961). *Client-Centered Therapy: Its Current Practice, Implications and Theory.* Boston: Houghton Mifflin.

Foucault, M. (1975). *Überwachen und Strafen: Die Geburt des Gefängnisses.* Frankfurt am Main: Suhrkamp.

Hesse, H. (1922). *Siddhartha.* Berlin: S. Fischer Verlag.

Foucault, M. (1988). *Technologies of the Self.* In: *Technologies of the Self: A Seminar with Michel Foucault.* Amherst: University of Massachusetts Press.

Fromm, E. (1956). *Die Kunst des Liebens.* New York: Harper & Row.

Goffman, E. (1959). *Wir alle spielen Theater: Die Selbstdarstellung im Alltag.* München: Piper.

Kierkegaard, S. (1843). *Entweder – Oder.* Kopenhagen: C.A. Reitzel.

McLuhan, M. (1964). *Understanding Media: The Extensions of Man.* New York: McGraw-Hill.

Nietzsche, F. (1883). *Also sprach Zarathustra.* Chemnitz: Ernst Schmeitzner.

Sartre, J.-P. (1943). *Das Sein und das Nichts.* Paris: Gallimard.

Sennett, R. (1998). *Der flexible Mensch: Die Kultur des neuen Kapitalismus.* Berlin: Hanser.

Kapitel 7: Nostalgie und Vergänglichkeit

Die allgegenwärtige Präsenz von Nostalgie in *Mad Men* fungiert nicht nur als ästhetisches Element, sondern bildet das emotionale und philosophische Rückgrat der Serie. Sie dient als treibende Kraft der Handlung und als tiefgreifende Reflexion über Erinnerung, Vergänglichkeit und die menschliche Erfahrung von Zeit. Durch komplexe narrative Strukturen und symbolische Bilder schafft die Serie ein Spannungsfeld zwischen der Sehnsucht nach dem Vergangenen und der Anerkennung der Unausweichlichkeit des Wandels.

Die Nostalgie in *Mad Men* ist eng mit dem Konzept der Erinnerung und der Konstruktion von Identität verknüpft. Die Charaktere sind oft von ihrer Vergangenheit besessen, sei es durch persönliche Traumata, verpasste Chancen oder idealisierte Vorstellungen früherer Zeiten. Don Draper wird ständig von Erinnerungen an seine schwierige Kindheit und seine Erlebnisse im Koreakrieg heimgesucht. Diese Rückblenden sind mehr als narrative Werkzeuge; sie verdeutlichen, wie tief die Vergangenheit in die Gegenwart hineinwirkt. Henri Bergson betont in *Materie und Gedächtnis*, dass das Gedächtnis nicht lediglich eine passive Speicherung vergangener Ereignisse ist, sondern aktiv die Wahrnehmung und das

Handeln in der Gegenwart formt (Bergson, 1896). Dons ständige Rückgriffe auf seine Vergangenheit zeigen, wie sehr seine Identität und Entscheidungen von seinen Erinnerungen geprägt und manchmal sogar bestimmt werden.

Die Serie inszeniert Nostalgie häufig durch konkrete Objekte oder Orte, die als Symbole für vergangene Zeiten dienen. Ein prominentes Beispiel ist die bereits genannte berühmte Szene mit der Präsentation des Kodak Carousel (*Mad Men*, Staffel 1, Episode 13). Don beschreibt das Diaprojektor-Karussell als eine "Zeitmaschine", die Menschen zurück zu glücklichen Momenten führt. Seine Worte "Es trägt uns zu einem Ort, an dem wir wissen, dass wir geliebt werden" fassen die Essenz der Nostalgie zusammen: die Sehnsucht nach einem idealisierten Zustand, der Sicherheit und Zugehörigkeit vermittelt.

Diese Szene verkörpert die Macht der Nostalgie, Emotionen zu wecken und die Vergänglichkeit menschlicher Erfahrungen zu reflektieren.

Die philosophische Funktion der Nostalgie in *Mad Men* kann durch Marcel Prousts Konzept der "mémoire involontaire" oder unwillkürlichen Erinnerung verstanden werden. Proust beschreibt in *Auf der Suche nach der verlorenen Zeit*, wie Sinneseindrücke plötzlich vergessene Erinnerungen hervorrufen können, die tief in der Psyche verankert sind (Proust, 1913-1927). In der Serie werden solche Momente durch Musikstücke, Düfte oder bestimmte Orte ausgelöst, die die Charaktere unvermittelt in die Vergangenheit zurückversetzen. Diese unwillkürlichen Erinnerungen sind nicht nur persönliche, sondern auch kollektive Erinnerungen, die die kulturelle und historische Atmosphäre der 1960er Jahre einfangen.

Die Vergänglichkeit ist ein zentrales Motiv, das die Charaktere zwingt, sich mit dem unvermeidlichen Wandel auseinanderzusetzen.

Die rasanten gesellschaftlichen Veränderungen der 1960er Jahre, wie die Bürgerrechtsbewegung, die sexuelle Revolution und der Vietnamkrieg, bilden den Hintergrund für persönliche Krisen und Transformationen. Die Charaktere klammern sich oft an alte Werte und Strukturen, während die Welt um sie herum in Bewegung ist. Heraklits Philosophie des ständigen Wandels, verkörpert in der Aussage "Panta rhei" – alles fließt –, findet hier Anwendung. Die Unfähigkeit oder der Unwille der Charaktere, den Wandel zu akzeptieren, führt zu inneren und äußeren Konflikten und verstärkt das Gefühl der Entfremdung.

Die Serie nutzt die Ästhetik des Vergangenen, um Nostalgie zu erzeugen und gleichzeitig kritisch zu hinterfragen. Die sorgfältige Rekonstruktion der 1960er Jahre durch authentische Kostüme, Dekor und Musik schafft nicht nur eine glaubwürdige

Kulisse, sondern weckt beim Zuschauer selbst nostalgische Gefühle.

Svetlana Boym unterscheidet zwischen "restaurativer" und "reflexiver" Nostalgie, wobei erstere versucht, die Vergangenheit wiederherzustellen, und letztere die Sehnsucht selbst reflektiert (Boym, 2001). *Mad Men* spielt mit beiden Formen: Es idealisiert die Ära und macht sie ästhetisch ansprechend, legt aber gleichzeitig die sozialen Probleme, Widersprüche und Ungerechtigkeiten jener Zeit offen.

Ein weiterer Aspekt ist die Rolle der Zeit in der menschlichen Erfahrung und Existenz. Martin Heidegger betont in *Sein und Zeit*, dass das menschliche Dasein durch seine Zeitlichkeit definiert ist und dass das Bewusstsein der eigenen Endlichkeit zu einer authentischen Existenz führen kann (Heidegger, 1927).

Die Charaktere in *Mad Men* sind jedoch oft unfähig oder unwillig, diese Zeitlichkeit zu akzeptieren. Sie versuchen, durch Nostalgie und das Festhalten an der Vergangenheit die Unausweichlichkeit des Alterns, des Wandels und des Todes zu negieren. Don Drapers wiederholte Affären mit jüngeren Frauen und sein Festhalten an alten Erfolgsrezepten können als Versuche gesehen werden, seine eigene Vergänglichkeit und den Verlust von Relevanz zu leugnen.

Die Nostalgie dient auch als Fluchtmechanismus vor der Gegenwart und ihren Herausforderungen. Viele Charaktere idealisieren die Vergangenheit, um mit aktuellen Unzufriedenheiten, Ängsten und Unsicherheiten umzugehen. Dies führt zu einer Verzerrung der Realität und verhindert, dass sie sich den notwendigen Veränderungen stellen. Walter Benjamin diskutiert in seinen *Thesen über den Begriff der Geschichte* die Gefahr, in nostalgischen Vorstellungen zu verharren und dadurch den Blick für das Jetzt und die Möglichkeiten der Zukunft zu verlieren (Benjamin, 1940).

In *Mad Men* führt dieses Verharren oft zu persönlichem Stillstand, verpassten Chancen und dem Scheitern, sich an neue Bedingungen anzupassen. Gleichzeitig zeigt die Serie, dass Nostalgie auch eine konstruktive Kraft sein kann. Sie ermöglicht es den Charakteren, sich mit ihrer Vergangenheit auseinanderzusetzen, traumatische Erlebnisse zu verarbeiten und daraus Erkenntnisse für die Zukunft zu gewinnen. Die Auseinandersetzung mit Erinnerungen kann zu Selbstreflexion, persönlichem Wachstum und einer tieferen Verständnis der eigenen Identität führen. Dies steht im Einklang mit Bergsons Idee, dass Erinnerung und Bewusstsein eng miteinander verbunden sind und dass das Verständnis der Vergangenheit notwendig ist, um im Hier und Jetzt authentisch zu leben (Bergson, 1896).

Die Vergänglichkeit wird auch durch die Darstellung von Verlust, Tod und Abschied thematisiert. Der Suizid von Lane Pryce und der Tod von Bert Cooper dienen als eindringliche Erinnerungen an die Endlichkeit des Lebens. Solche Ereignisse zwingen die Charaktere, ihre Prioritäten zu überdenken, ihre Lebensentscheidungen zu hinterfragen und sich mit existenziellen Fragen auseinanderzusetzen. Die unterschiedlichen Reaktionen auf diese Verluste zeigen, wie variabel der Umgang mit Vergänglichkeit sein kann: Einige verfallen in Trauer und Resignation, während andere darin einen Impuls für Veränderung und Neubeginn sehen.

Ein besonderes Augenmerk verdient die Figur des Roger Sterling, der mit zunehmendem Alter und den Veränderungen in der Branche konfrontiert wird. Seine Versuche, durch Drogenexperimente und spirituelle Erkundungen einen Sinn zu finden, spiegeln die Suche nach Bedeutung in einer sich wandelnden Welt wider. Seine Nostalgie nach den "guten alten Zeiten" verhindert jedoch oft, dass er sich vollständig auf neue Erfahrungen einlässt und die Chancen des Wandels erkennt.

Die Serie thematisiert auch die kollektive Nostalgie einer Gesellschaft, die sich inmitten tiefgreifender Umbrüche befindet. Die 1960er Jahre waren geprägt von einem Spannungsfeld zwischen Tradition und Moderne, zwischen konservativen

Werten und progressiven Bewegungen. *Mad Men* fängt diese Atmosphäre ein und zeigt, wie Nostalgie sowohl als Widerstand gegen Veränderungen als auch als Sehnsucht nach Orientierung und Stabilität fungiert.

Dies spiegelt Friedrich Nietzsches Konzept der "ewigen Wiederkehr" wider, bei dem die Menschen dazu neigen, bekannte Muster zu wiederholen, um Sicherheit in einer unsicheren Welt zu finden (Nietzsche, 1882).

Ein weiterer philosophischer Zugang bietet Sigmund Freuds Theorie des Unbehagens in der Kultur. Freud argumentiert, dass das menschliche Streben nach Glück oft im Widerspruch zu den Anforderungen der Zivilisation steht und dass Nostalgie eine Reaktion auf dieses Spannungsfeld sein kann (Freud, 1930). In *Mad Men* suchen die Charaktere in der Vergangenheit nach einem vermeintlich einfacheren und glücklicheren Leben, um den Druck und die Komplexität der modernen Gesellschaft zu entkommen.

Die Serie zeigt auch, wie Nostalgie kommerzialisiert und instrumentalisiert wird. Die Werbebranche nutzt nostalgische Gefühle, um Produkte zu verkaufen und Konsumenten emotional zu binden. Dies wird deutlich in den Werbekampagnen, die auf traditionellen Werten und idealisierten Bildern der Vergangenheit basieren.

Theodor W. Adorno und Max Horkheimer kritisieren in der *Dialektik der Aufklärung* die Kulturindustrie dafür, Emotionen und Sehnsüchte zu manipulieren, um wirtschaftliche Interessen zu fördern (Adorno & Horkheimer, 1947).

Mad Men reflektiert diese Kritik, indem es zeigt, wie Nostalgie als Werkzeug eingesetzt wird, um Konsum zu steigern und gesellschaftliche Normen zu reproduzieren.

Die Spannung zwischen Nostalgie und Vergänglichkeit wird auch in den persönlichen Beziehungen der Charaktere deutlich. Viele halten an vergangenen Lieben oder Freundschaften fest, obwohl sie wissen, dass sich die Umstände verändert haben. Dies führt oft zu Enttäuschungen und Verletzungen, da die Erwartungen nicht mehr mit der Realität übereinstimmen. Die Unfähigkeit, loszulassen und sich dem Neuen zu öffnen, hindert sie daran, authentische Verbindungen im Hier und Jetzt aufzubauen.

Ein philosophischer Rahmen für dieses Phänomen bietet Søren Kierkegaards Konzept der Wiederholung.

In seinem Werk *Die Wiederholung* diskutiert Kierkegaard die Idee, dass das Streben nach der Wiederholung vergangener Glücksmomente zum Scheitern verurteilt ist, da die Bedingungen nie identisch sein können (Kierkegaard, 1843).

Die Charaktere von *Mad Men* erleben diese Erkenntnis, wenn ihre Versuche, vergangene Zustände wiederherzustellen, immer wieder scheitern.

Die Serie regt auch dazu an, über die Rolle der individuellen Verantwortung im Umgang mit Nostalgie und Vergänglichkeit nachzudenken. Indem die Charaktere lernen, ihre Vergangenheit anzuerkennen, ohne von ihr beherrscht zu werden, können sie einen authentischeren und erfüllteren Lebensweg einschlagen. Dies steht im Einklang mit Jean-Paul Sartres Existenzialismus, der betont, dass der Mensch für die Gestaltung seines Lebens selbst verantwortlich ist und dass Authentizität durch die bewusste Auseinandersetzung mit der eigenen Existenz erreicht wird (Sartre, 1946).

Abschließend nutzt *Mad Men* Nostalgie und Vergänglichkeit nicht nur als thematische Elemente, sondern als tiefgründige Mittel, um Fragen nach Identität, Zeit und menschlicher Erfahrung zu erforschen. Die Serie bietet eine vielschichtige Betrachtung der Art und Weise, wie Menschen mit ihrer Vergangenheit umgehen, wie sie den unvermeidlichen Wandel des Lebens wahrnehmen und welche Auswirkungen dies auf ihre Gegenwart und Zukunft hat. Sie lädt den Zuschauer ein, über die Bedeutung der Vergangenheit für das individuelle sowie das kollektive Selbstverständnis nachzudenken und ermutigt dazu, eine Balance zwischen Erinnerung und Gegenwart zu finden.

Quellen:

Adorno, T. W., & Horkheimer, M. (1947). *Dialektik der Aufklärung*. Amsterdam: Querido.

Benjamin, W. (1940). *Über den Begriff der Geschichte*. In: *Illuminationen*. Frankfurt am Main: Suhrkamp.

Bergson, H. (1896). *Materie und Gedächtnis*. Paris: Félix Alcan.

Boym, S. (2001). *The Future of Nostalgia*. New York: Basic Books.

Freud, S. (1930). *Das Unbehagen in der Kultur*. Wien: Internationaler Psychoanalytischer Verlag.

Heidegger, M. (1927). *Sein und Zeit*. Tübingen: Niemeyer.

Kierkegaard, S. (1843). *Die Wiederholung*. Kopenhagen: C.A. Reitzel.

Nietzsche, F. (1882). *Die fröhliche Wissenschaft*. Chemnitz: Ernst Schmeitzner.

Proust, M. (1913-1927). *Auf der Suche nach der verlorenen Zeit*. Paris: Grasset.

Sartre, J.-P. (1946). *Der Existentialismus ist ein Humanismus*. Paris: Les Editions Nagel.

Kapitel 8: Moral und Verantwortung

Die komplexen moralischen Dilemmata und die Frage nach individueller Verantwortung durchziehen *Mad Men* als zentrales Thema und spiegeln die ethischen Herausforderungen einer Gesellschaft im Wandel wider. Inmitten des rasanten wirtschaftlichen Wachstums und der kulturellen Umbrüche der 1960er Jahre werden die Charaktere mit Entscheidungen konfrontiert, die ihre moralische Integrität auf die Probe stellen. Die Serie beleuchtet die Spannungen zwischen persönlichem Gewinn und ethischem Handeln, zwischen individuellen Ambitionen und sozialer Verantwortung, und stellt die Frage, wie Menschen in einer von Konkurrenz und Profitdenken geprägten Welt ethisch handeln können.

Die Werbebranche dient als Mikrokosmos für die Untersuchung moralischer Fragen. Die Manipulation von Wünschen und Bedürfnissen, die Vermarktung von Produkten ohne Rücksicht auf deren Auswirkungen und das ständige Streben nach Profit stellen die ethischen Grenzen der Akteure auf die Probe. Karl Marx kritisiert in seinen *Ökonomisch-philosophischen Manuskripten* die Entfremdung des Menschen in der kapitalistischen Gesellschaft, in der Arbeitsprozesse und -ergebnisse von menschlichen Bedürfnissen und moralischen Überlegungen abgekoppelt werden

(Marx, 1844). Diese Entfremdung manifestiert sich in *Mad Men*, wenn die Charaktere Produkte und Ideen verkaufen, die sie selbst nicht unterstützen oder deren moralische Implikationen sie ignorieren. Ein Beispiel hierfür ist die Vermarktung von Zigaretten, obwohl die gesundheitlichen Risiken bekannt sind.

Die Serie zeigt, wie die Charaktere oft zwischen beruflichen Verpflichtungen und persönlichen Überzeugungen hin- und hergerissen sind. Die Agentur nimmt Aufträge an, die profitabel, aber moralisch fragwürdig sind, wie die Werbung für politisch umstrittene Kandidaten oder Produkte, die gesellschaftliche Stereotype verstärken. Die Mitarbeiter müssen entscheiden, ob sie ihre Fähigkeiten in den Dienst solcher Kampagnen stellen oder ihre ethischen Prinzipien verteidigen.

Don Draper steht häufig und zu Recht im Mittelpunkt dieser moralischen Konflikte. Seine Entscheidungen sind geprägt von persönlichen Ambitionen, aber auch von einer inneren Zerrissenheit zwischen seinem Streben nach Erfolg und seinem Bewusstsein für die Konsequenzen seines Handelns. In der Episode, in der er eine Kampagne für ein Magenmittel entwickelt, nutzt er bewusst die Unsicherheiten der Konsumenten aus, um das Produkt erfolgreicher zu machen (*Mad Men*, Staffel 2, Episode 9). Dieses Vorgehen wirft

Fragen nach der Verantwortung des Werbetreibenden gegenüber dem Konsumenten auf.

Immanuel Kant betont in seiner *Grundlegung zur Metaphysik der Sitten* die Notwendigkeit eines kategorischen Imperativs, der als universelles moralisches Gesetz dient und auf Vernunft basiert (Kant, 1785). Nach Kant sollte der Mensch so handeln, dass seine Handlungen als allgemeines Gesetz gelten könnten. Die Entscheidungen der Charaktere stehen jedoch häufig im Widerspruch zu diesem Prinzip, da sie kurzfristige Vorteile über langfristige moralische Überlegungen stellen. Sie handeln oft nach dem Prinzip des psychologischen Egoismus, der besagt, dass Menschen letztlich immer nach ihrem eigenen Vorteil streben (Hobbes, 1651). Die Serie stellt die Frage, ob altruistisches Handeln in einer solchen Umgebung überhaupt möglich ist.

Die Auswirkungen von Lügen und Täuschungen auf persönliche Beziehungen und das soziale Gefüge sind ein weiteres zentrales Thema. Dons verborgene Identität und seine ständigen Lügen führen nicht nur zu innerer Zerrissenheit, sondern beeinträchtigen auch das Vertrauen und die Integrität seiner Beziehungen. Hannah Arendt diskutiert in *Über die Lüge in der Politik* die zerstörerische Kraft der Lüge auf das soziale Miteinander und die politische Ordnung (Arendt, 1972). Die Lüge untergräbt die Grundlage für Vertrauen und gemeinsames Handeln. In *Mad Men* wird dies deutlich, wenn Beziehungen aufgrund von Unehrlichkeit zerbrechen und Misstrauen gesät wird. Die moralische Verantwortung gegenüber anderen wird auch durch die sozialen und politischen Themen der Zeit reflektiert. Die Bürgerrechtsbewegung, der Vietnamkrieg und der aufkommende Feminismus stellen die Charaktere vor die Herausforderung, ihre eigenen Privilegien und Positionen zu hinterfragen. Während einige Figuren wie Peggy Olson beginnen, die Notwendigkeit sozialer Veränderungen zu erkennen und aktiv zu unterstützen, halten andere an traditionellen Werten fest und verweigern sich der Verantwortung, an der Gestaltung einer gerechteren Gesellschaft teilzunehmen. Dies zeigt, wie individuelle Moralvorstellungen von gesellschaftlichen Strömungen beeinflusst werden und wie schwierig es sein kann, sich den vorherrschenden Normen zu widersetzen.

Jean-Paul Sartres Konzept der "Existenz vor der Essenz" und die daraus resultierende Verantwortung des Individuums für seine Handlungen sind hier von Bedeutung (Sartre, 1946). Sartre betont, dass der Mensch durch seine Entscheidungen und Handlungen seine eigene Natur und die der Gesellschaft formt.

Die Charaktere von *Mad Men* stehen vor der Wahl, ob sie ihre Macht und Position nutzen, um positive Veränderungen zu bewirken, oder ob sie sich dem Status quo anpassen und persönliche Vorteile suchen. Diese Wahl ist jedoch nicht immer einfach, da sie oft mit persönlichen Opfern und Risiken verbunden ist.

Die moralische Verantwortung in zwischenmenschlichen Beziehungen wird durch die zahlreichen Affären, Intrigen und persönlichen Konflikte thematisiert. Die individuellen Entscheidungen haben direkte Auswirkungen auf das Leben anderer. Beispielsweise führt Dons Affäre mit der Ehefrau eines Kunden zu beruflichen Komplikationen und persönlichen Verletzungen (*Mad Men*, Staffel 4, Episode 6). Die Figuren müssen sich den Konsequenzen ihres Handelns stellen, was oft zu Schuldgefühlen, Reue und dem Bedürfnis nach Wiedergutmachung führt. Diese Dynamik verdeutlicht, wie eng persönliches Glück und moralisches Handeln verknüpft sind.

In diesem Zusammenhang kann Friedrich Nietzsches Idee der "Umwertung aller Werte" herangezogen werden. Nietzsche kritisiert die traditionellen moralischen Werte und fordert eine Neubewertung basierend auf individuellen Überzeugungen und der Schaffung eigener Werte (Nietzsche, 1886).

Die Charaktere von *Mad Men* bewegen sich in einem Spannungsfeld zwischen gesellschaftlichen

Normen und persönlichen Moralvorstellungen. Einige, wie Peggy, versuchen, ihre eigenen Werte zu definieren und entsprechend zu handeln, während andere sich den konventionellen Erwartungen beugen.

Die Serie zeigt auch, wie institutionelle Strukturen moralisches Handeln beeinflussen können. Die Unternehmenshierarchie, der Konkurrenzdruck und die Profitmaximierung fördern oft Verhaltensweisen, die ethisch fragwürdig sind. Michel Foucault diskutiert in *Überwachen und Strafen* die Machtstrukturen und Disziplinierungsmechanismen, die Individuen formen und kontrollieren (Foucault, 1975). In *Mad Men* werden die Charaktere durch diese Strukturen beeinflusst, was ihre Fähigkeit, moralisch verantwortungsvolle Entscheidungen zu treffen, einschränkt. Beispielsweise werden Mitarbeiter belohnt, wenn sie aggressive Verkaufsstrategien anwenden, auch wenn diese unethisch sind.

Die Serie thematisiert zudem die Frage, ob moralisches Handeln in einem kapitalistischen System überhaupt möglich ist. Max Weber analysiert in *Die protestantische Ethik und der Geist des Kapitalismus* die Verbindung zwischen wirtschaftlichem Erfolg und moralischen Werten (Weber, 1905). In *Mad Men* wird deutlich, dass der Drang nach wirtschaftlichem Erfolg oft im Widerspruch zu ethischen Überzeugungen steht.

Die Charaktere müssen navigieren zwischen der Erwartung, profitabel zu sein, und dem Wunsch, moralisch korrekt zu handeln.

Ein weiteres philosophisches Konzept, das in diesem Kontext relevant ist, ist Albert Camus' Vorstellung von der Absurdität und der Revolte gegen sinnlose Systeme (Camus, 1942).

Einige Charaktere erkennen die Sinnlosigkeit bestimmter gesellschaftlicher Normen und versuchen, dagegen anzukämpfen. Sie stehen jedoch vor dem Dilemma, ob sie persönliche Opfer bringen sollen, um moralisch zu handeln, oder ob sie sich dem System anpassen sollen, um persönliche Vorteile zu erlangen.

Die Serie stellt auch die Frage nach der kollektiven Verantwortung. Während Individuen für ihre eigenen Handlungen verantwortlich sind, zeigt *Mad Men*, wie Gruppendynamiken und kulturelle Werte das Verhalten beeinflussen. Die Tendenz zur Konformität kann dazu führen, dass Einzelne ethische Bedenken zurückstellen, um zur Gruppe zu gehören oder beruflich voranzukommen. Dies erinnert an Hannah Arendts Konzept der Banalität des Bösen, bei dem Menschen durch Anpassung und Gehorsam Teil unmoralischer Systeme werden (Arendt, 1963).

Die moralischen Entscheidungen der Charaktere haben nicht nur persönliche, sondern auch gesellschaftliche Auswirkungen.

Die Art und Weise, wie sie handeln, trägt zur Aufrechterhaltung oder Veränderung der sozialen Strukturen bei. Die Serie zeigt, dass individuelle Handlungen Teil eines größeren Ganzen sind und dass Verantwortung nicht isoliert betrachtet werden kann.

Auch die Rolle der Geschlechterrollen und der damit verbundenen moralischen Erwartungen wird thematisiert. Frauen wie Joan Holloway und Peggy Olson müssen navigieren zwischen persönlichen Ambitionen und den moralischen Urteilen, die die Gesellschaft über sie fällt. Ihre Entscheidungen, sei es im beruflichen oder privaten Bereich, werden oft strenger bewertet als die ihrer männlichen Kollegen, was die Doppelmoral und Ungerechtigkeit der gesellschaftlichen Moralvorstellungen offenlegt.

Die ethischen Dilemmata erstrecken sich zudem auf Fragen der Authentizität und Selbstverwirklichung. Die Charaktere müssen entscheiden, ob sie ihrem wahren Selbst treu bleiben oder sich den Erwartungen anderer anpassen. Dies erinnert an Kierkegaards Konzept der Authentizität, bei dem das Individuum Verantwortung für sein eigenes

Selbst übernimmt und nicht in der Masse untergeht (Kierkegaard, 1849).

Die Serie zeigt auch, wie moralische Entscheidungen durch persönliche Hintergründe und Erfahrungen beeinflusst werden.
Don Drapers schwierige Kindheit und seine Flucht vor der Vergangenheit prägen seine Sicht auf Moral und Verantwortung. Seine Handlungen sind oft von einem Überlebensinstinkt getrieben, was die Frage aufwirft, inwieweit individuelle Umstände moralisches Handeln beeinflussen oder entschuldigen können.

Abschließend verdeutlicht *Mad Men*, dass Moral und Verantwortung in einer komplexen und sich wandelnden Gesellschaft ständigen Herausforderungen unterliegen. Die Serie regt dazu an, über die Konsequenzen individuellen Handelns nachzudenken und die ethischen Implikationen von Entscheidungen in persönlichen und beruflichen Kontexten kritisch zu reflektieren. Sie zeigt, dass wahre Verantwortung nicht nur im eigenen Interesse, sondern auch im Bewusstsein der Auswirkungen auf andere und die Gesellschaft als Ganzes besteht. Die Charaktere stehen exemplarisch für die Herausforderungen, vor denen Individuen in modernen Gesellschaften stehen, und laden dazu ein, die eigenen moralischen Werte und Handlungen zu hinterfragen.

Quellen:

Arendt, H. (1963). *Eichmann in Jerusalem: Ein Bericht von der Banalität des Bösen*. München: Piper.

Arendt, H. (1972). *Über die Lüge in der Politik: Essay*. München: Piper.

Camus, A. (1942). *Der Mythos des Sisyphos*. Paris: Gallimard.

Foucault, M. (1975). *Überwachen und Strafen: Die Geburt des Gefängnisses*. Frankfurt am Main: Suhrkamp.

Hobbes, T. (1651). *Leviathan*. London: Andrew Crooke.

Kant, I. (1785). *Grundlegung zur Metaphysik der Sitten*. Riga: Hartknoch.

Kierkegaard, S. (1849). *Die Krankheit zum Tode*. Kopenhagen: Reitzel.

Marx, K. (1844). *Ökonomisch-philosophische Manuskripte*. Paris.

Nietzsche, F. (1886). *Jenseits von Gut und Böse*. Leipzig: C. G. Naumann.

Sartre, J.-P. (1946). *Der Existentialismus ist ein Humanismus*. Paris: Les Editions Nagel.

Weber, M. (1905). *Die protestantische Ethik und der Geist des Kapitalismus*. Tübingen: Mohr.

Kapitel 9: Der Wandel der Gesellschaft

Die Serie *Mad Men* fungiert als Spiegel einer Gesellschaft im Umbruch und bietet eine vielschichtige Darstellung der sozialen, kulturellen und politischen Veränderungen der 1960er Jahre in den Vereinigten Staaten. Inmitten der rasanten Transformationen werden traditionelle Werte und Normen infrage gestellt, während neue Ideale und Bewegungen an Bedeutung gewinnen.

Mad Men nutzt die persönliche und berufliche Entwicklung der Charaktere, um die Komplexität dieses Wandels zu illustrieren und lädt zu einer tiefgehenden philosophischen Reflexion über Fortschritt, Identität und die Herausforderungen einer sich verändernden Welt ein.

Die 1960er Jahre waren eine Dekade des Aufbruchs und der Revolutionen, geprägt von bedeutenden gesellschaftlichen Umwälzungen.

Die Bürgerrechtsbewegung forderte das Ende der Rassentrennung und Gleichberechtigung für Afroamerikaner, während die zweite Welle des Feminismus die Rolle der Frau in Gesellschaft und Arbeitswelt neu definierte. Die sexuelle Revolution brach mit konservativen Moralvorstellungen, und die Proteste gegen den Vietnamkrieg stellten die amerikanische Außenpolitik und patriotische Narrative infrage.

Mad Men fängt diese Atmosphäre des Umbruchs ein und zeigt, wie die Charaktere in ihrer persönlichen und beruflichen Sphäre mit diesen Veränderungen konfrontiert werden.

Der Arbeitsplatz der Protagonisten, die Werbeagentur Sterling Cooper (später Sterling Cooper Draper Pryce), dient als Mikrokosmos der Gesellschaft und als Bühne, auf der die Spannungen zwischen Alt und Neu ausgetragen werden. Die Werbebranche verkörpert den aufkommenden Konsumkapitalismus und die zunehmende Bedeutung von Medien und Marketing in der modernen Welt. Die Agentur steht vor der Herausforderung, sich ständig an die sich verändernden Marktbedingungen und sozialen Trends anzupassen, um relevant zu bleiben. Dies spiegelt die Theorie der kreativen Zerstörung wider, die von Joseph Schumpeter eingeführt wurde. Schumpeter beschreibt den Kapitalismus als ein System, das durch ständige Innovationen und die Zerstörung des Alten vorangetrieben wird (Schumpeter, 1942). Die Charaktere erleben diesen Prozess hautnah: Alte Strategien und Denkweisen verlieren an Wirksamkeit, während neue Ansätze und Ideen gefragt sind.

Der gesellschaftliche Wandel wird besonders durch die zunehmende Diversität und das Aufbrechen traditioneller Geschlechter- und Rollenbilder sichtbar.

Peggy Olsons Aufstieg von der Sekretärin zur erfolgreichen Werbetexterin symbolisiert die Veränderungen in der Stellung der Frau in der Arbeitswelt. Trotz erheblicher Widerstände und Diskriminierungen gelingt es ihr, sich in einer von Männern dominierten Branche zu behaupten. Sie verkörpert den Geist des Feminismus, der für Gleichberechtigung und Emanzipation kämpft. Simone de Beauvoir analysiert in *Das andere Geschlecht* die Konstruktion von Weiblichkeit und die Unterdrückung der Frau durch patriarchale Strukturen (de Beauvoir, 1949). Peggys Entwicklung spiegelt diesen Kampf wider und zeigt die Möglichkeiten und Grenzen des sozialen Wandels.

Die Serie thematisiert auch die Herausforderungen, die mit der Integration ethnischer Minderheiten verbunden sind. Die Figur der Dawn Chambers, die als erste afroamerikanische Sekretärin in der Agentur arbeitet, verdeutlicht die Spannungen und Vorurteile, die in der Gesellschaft vorhanden sind. Ihre Erfahrungen spiegeln die Realitäten der Bürgerrechtsbewegung wider und zeigen, wie struktureller Rassismus den sozialen Fortschritt hemmt. Frantz Fanon beschreibt in *Die Verdammten dieser Erde* die psychologischen Auswirkungen von Kolonialismus und Rassismus auf Individuen (Fanon, 1961). Dawns Erfahrungen in der Agentur illustrieren diese Dynamik und die Herausforderungen, vor denen sie steht.

Die Auswirkungen des gesellschaftlichen Wandels auf die Identität und das Selbstverständnis der Individuen sind ein zentrales Thema. Don Draper verkörpert die Widersprüche und Spannungen einer sich verändernden Gesellschaft. Seine Schwierigkeiten, sich an die neuen sozialen Normen anzupassen, führen zu inneren Konflikten und einer tiefen existenziellen Krise. Zygmunt Bauman bezeichnet diese Situation als flüchtige Moderne, in der traditionelle Strukturen zerfallen und Individuen mit Unsicherheit und Ambivalenz konfrontiert sind (Bauman, 2000). Don versucht, an alten Werten festzuhalten, doch die Welt um ihn herum verändert sich rapide, was seine Identitätskrise verschärft.

Der Generationenkonflikt ist ein weiteres zentrales Thema, das den gesellschaftlichen Wandel illustriert. Die jüngeren Charaktere, wie Sally Draper und die jüngeren Mitarbeiter der Agentur, repräsentieren eine neue Generation, die alte Werte infrage stellt und nach neuen Wegen der Selbstverwirklichung sucht. Dieser Konflikt spiegelt die Ideen von Herbert Marcuse wider, der in *Der eindimensionale Mensch* die Unterdrückung kritischen Denkens durch eine konforme Kultur kritisiert und die Notwendigkeit einer Befreiung von traditionellen Zwängen betont (Marcuse, 1964).

Sallys Rebellion gegen die konservativen Vorstellungen ihrer Eltern zeigt den Aufbruch einer neuen Ära und die Suche nach individueller Freiheit.

Die Serie zeigt auch die Auswirkungen des gesellschaftlichen Wandels auf die zwischenmenschlichen Beziehungen. Die Lockerung sexueller Normen und die Infragestellung der traditionellen Familie führen zu neuen Beziehungsmodellen, aber auch zu Unsicherheiten und Konflikten. Anthony Giddens spricht in *The Transformation of Intimacy* von der Entstehung reiner Beziehungen, die auf Kommunikation und emotionaler Nähe basieren, aber auch instabiler sein können (Giddens, 1992). In *Mad Men* wird diese Dynamik durch die wechselnden Beziehungen der Charaktere dargestellt, die oft zwischen dem Wunsch nach Freiheit und dem Bedürfnis nach Stabilität schwanken. Die Ehe von Don und Betty Draper zerbricht unter dem Druck unerfüllter Erwartungen und der Unfähigkeit, sich den veränderten Rollenbildern anzupassen.

Die politische Landschaft der 1960er Jahre, geprägt von Protesten und gesellschaftlichem Engagement, beeinflusst ebenfalls die Charaktere. Die Auseinandersetzung mit Themen wie Rassismus, Krieg und sozialer Ungerechtigkeit zwingt sie, ihre eigenen Positionen zu hinterfragen. Die Serie thematisiert den Konflikt zwischen persönlichem

Erfolg und sozialer Verantwortung, was an die Gedanken von John Rawls in *Eine Theorie der Gerechtigkeit* erinnert, der Gerechtigkeit als grundlegendes Prinzip der sozialen Organisation betrachtet (Rawls, 1971).

Einige Charaktere beginnen, die moralischen Implikationen ihrer Arbeit zu reflektieren, insbesondere wenn sie für Kunden arbeiten, die kontroverse oder unethische Praktiken verfolgen.

Die technologischen Fortschritte und die Veränderung der Medienlandschaft sind weitere Aspekte des gesellschaftlichen Wandels, die in der Serie thematisiert werden. Die zunehmende Verbreitung von Fernsehen und Massenmedien verändert die Art und Weise, wie Informationen konsumiert und Meinungen gebildet werden. Marshall McLuhans Aussage "Das Medium ist die Botschaft" (McLuhan, 1964) findet hier Anwendung, da die Medien selbst einen erheblichen Einfluss auf die Gesellschaft ausüben. Die Werbebranche muss sich an diese neuen Technologien anpassen, und die Charaktere erkennen, dass traditionelle Methoden nicht mehr ausreichen, um das Publikum zu erreichen.

Ein weiterer wichtiger Aspekt ist die Veränderung der Konsumkultur. Der wachsende Wohlstand der Nachkriegszeit führt zu einer neuen Materialität und einer verstärkten Orientierung am Konsum.

Jean Baudrillard analysiert in *Die Konsumgesell-schaft* die Bedeutung von Konsum als Mittel der Identitätsbildung und sozialen Differenzierung (Baudrillard, 1970). In *Mad Men* wird dieser Trend durch die Art und Weise dargestellt, wie Produkte und Lebensstile vermarktet werden. Die Werbekampagnen spiegeln nicht nur wirtschaftliche Interessen wider, sondern formen auch kulturelle Werte und Normen.

Die Serie thematisiert auch die psychologischen Auswirkungen des gesellschaftlichen Wandels auf die Individuen. Die Charaktere erleben oft Gefühle von Isolation, Entfremdung und Sinnverlust. Erich Fromm diskutiert in *Die Furcht vor der Freiheit* die psychologischen Herausforderungen, die mit der Emanzipation von traditionellen Strukturen einhergehen (Fromm, 1941). Die Freiheit, eigene Entscheidungen zu treffen, kann auch zu Angst und Unsicherheit führen, wenn klare Orientierungspunkte fehlen. Don Drapers existenzielle Krise spiegelt diese Thematik wider. Die Herausforderungen der Globalisierung und der wachsenden Interdependenz werden ebenfalls angedeutet. Die Agentur expandiert international und muss sich mit unterschiedlichen Kulturen und Märkten auseinandersetzen. Ulrich Beck spricht in *Risikogesellschaft* von der Notwendigkeit, globale Risiken und Herausforderungen zu erkennen und zu bewältigen (Beck, 1986). Die

Charaktere müssen lernen, in einer vernetzten Welt zu agieren, was neue Kompetenzen und Perspektiven erfordert.

Die Veränderung der Arbeitswelt ist ein weiterer zentraler Aspekt. Die Einführung neuer Technologien und Managementmethoden verändert die Arbeitsprozesse und -bedingungen. Richard Sennett thematisiert in *Der flexible Mensch* die Auswirkungen von Flexibilisierung und Unsicherheit auf die Identität der Arbeiter (Sennett, 1998). In *Mad Men* spiegelt sich dies in der ständigen Notwendigkeit wider, sich anzupassen und neu zu erfinden, um im Wettbewerb bestehen zu können.

Abschließend bietet *Mad Men* eine vielschichtige und tiefgehende Darstellung des Wandels der Gesellschaft in den 1960er Jahren. Die Serie reflektiert die tiefgreifenden Veränderungen und ihre Auswirkungen auf Individuen, soziale Strukturen und kulturelle Werte. Sie lädt dazu ein, über die Dynamik des sozialen Wandels nachzudenken und die Herausforderungen zu verstehen, die mit der Anpassung an neue Realitäten verbunden sind. Durch die Verbindung von persönlicher Erfahrung und gesellschaftlicher Entwicklung bietet *Mad Men* eine eindringliche Analyse der Bedingungen des modernen Lebens und der ständigen Notwendigkeit, sich in einer sich wandelnden Welt neu zu orientieren. Sie zeigt, dass Fortschritt sowohl Chancen als auch Risiken birgt und dass der Umgang mit Veränderung eine zentrale Aufgabe für Individuen und Gesellschaften darstellt.

Quellen:

Baudrillard, J. (1970). *Die Konsumgesellschaft: Mythen und Strukturen*. Frankfurt am Main: Campus Verlag.

Bauman, Z. (2000). *Flüchtige Moderne*. Frankfurt am Main: Suhrkamp.

Beck, U. (1986). *Risikogesellschaft: Auf dem Weg in eine andere Moderne*. Frankfurt am Main: Suhrkamp.

de Beauvoir, S. (1949). *Das andere Geschlecht*. Paris: Gallimard.

Fanon, F. (1961). *Die Verdammten dieser Erde*. Paris: Maspero.

Fromm, E. (1941). *Die Furcht vor der Freiheit*. New York: Farrar & Rinehart.

Giddens, A. (1992). *The Transformation of Intimacy: Sexuality, Love, and Eroticism in Modern Societies*. Stanford: Stanford University Press.

Marcuse, H. (1964). *Der eindimensionale Mensch*. Frankfurt am Main: Suhrkamp.

McLuhan, M. (1964). *Understanding Media: The Extensions of Man*. New York: McGraw-Hill.

Rawls, J. (1971). *Eine Theorie der Gerechtigkeit*. Frankfurt am Main: Suhrkamp.

Schumpeter, J. A. (1942). *Kapitalismus, Sozialismus und Demokratie*. New York: Harper & Brothers.

Sennett, R. (1998). *Der flexible Mensch: Die Kultur des neuen Kapitalismus*. Berlin: Hanser Verlag.

Kapitel 10: Fazit und Ausblick

Die Serie *Mad Men* bietet weit mehr als nur eine nostalgische Reise in die 1960er Jahre; sie ist eine vielschichtige Reflexion über die menschliche Natur, Moral und gesellschaftliche Strukturen, die auch in der modernen Gesellschaft von Relevanz sind. Durch die sorgfältige Inszenierung von Charakteren und Handlungssträngen ermöglicht die Serie eine tiefgehende Auseinandersetzung mit grundlegenden philosophischen und soziologischen Fragen.

Die genauere Untersuchung der Konsumkultur und des amerikanischen Traums zeigt, wie materielle Werte und das Streben nach Erfolg die menschliche Identität formen und oft zu innerer Leere führen können. *Mad Men* enthüllt die Illusionen, die mit dem unreflektierten Konsum und dem Glauben an unbegrenzte Möglichkeiten verbunden sind. Jean Baudrillard kritisiert in *Die Konsumgesellschaft* die Täuschung, dass Konsum zu Glück führt, und zeigt, wie Bedürfnisse künstlich erzeugt werden (Baudrillard, 1970). Die Serie bestätigt diese Analyse, indem sie die Protagonisten trotz materiellen Wohlstands unglücklich und unerfüllt darstellt. Die Figuren streben nach einem Ideal, das letztlich unerreichbar ist, was zu Frustration und Desillusionierung führt.

Die Geschlechterrollen und das Patriarchat werden in *Mad Men* kritisch beleuchtet, indem die Einschränkungen und Ungerechtigkeiten aufgezeigt werden, denen Frauen ausgesetzt sind. Simone de Beauvoirs These, dass Frauen nicht als gleichwertige Subjekte anerkannt werden (de Beauvoir, 1949), spiegelt sich in den Erfahrungen von Figuren wie Peggy Olson wider, die gegen systemischen Sexismus kämpfen. Die Serie zeigt, wie traditionelle Rollenbilder hinterfragt und transformiert werden müssen, um echte Gleichberechtigung zu erreichen. Gleichzeitig wird dargestellt, wie tief verwurzelt patriarchale Strukturen sind und wie schwierig es ist, diese zu überwinden.

Die Themen der existentiellen Leere und der Suche nach Sinn sind zentral für das Verständnis der menschlichen Natur in der modernen Welt. Don Drapers innere Zerrissenheit und sein ständiges Streben nach Identität und Authentizität spiegeln die existenzialistischen Fragen nach dem Sinn des Lebens wider, wie sie von Philosophen wie Jean-Paul Sartre diskutiert wurden (Sartre, 1943). *Mad Men* zeigt die Schwierigkeiten, in einer Gesellschaft, die auf Oberfläche und Scheinwerten basiert, ein authentisches Selbst zu finden. Die Charaktere sind oft gefangen zwischen gesellschaftlichen Erwartungen und persönlichen Wünschen, was zu inneren Konflikten und Entfremdung führt.

Das Problem der Authentizität wird vertieft durch die Darstellung von Lügen, Täuschungen und der Konstruktion von Identitäten. Erving Goffmans Konzept der sozialen Rolle und der Darstellung des Selbst im Alltag (Goffman, 1959) findet Anwendung, indem die Serie zeigt, wie die Charaktere ständig Rollen spielen, um den Erwartungen der Gesellschaft gerecht zu werden. Dies führt zu innerer Entfremdung und verhindert echte zwischenmenschliche Verbindungen. Die Spannung zwischen öffentlichem Image und privatem Selbst wird dabei als zentrales Dilemma der modernen Existenz dargestellt.

Die Nostalgie und die Vergänglichkeit sind weitere Elemente, die die menschliche Erfahrung prägen. *Mad Men* nutzt die Sehnsucht nach der Vergangenheit, um die Unzufriedenheit mit der Gegenwart und die Angst vor der Zukunft zu thematisieren. Die Reflexion über die Vergänglichkeit des Lebens regt dazu an, den Wert des Moments und die Bedeutung von Veränderung zu erkennen. Die Serie zeigt, wie das Festhalten an vergangenen Idealen und die Weigerung, sich dem Wandel zu stellen, zu Stagnation und persönlichem Leid führen können.

Die Auseinandersetzung mit Moral und Verantwortung zeigt die ethischen Dilemmata, die in einer kapitalistischen Gesellschaft auftreten. Die Charaktere müssen Entscheidungen treffen, die nicht nur ihre eigenen Interessen betreffen, sondern auch Auswirkungen auf andere und die Gesellschaft als Ganzes haben. Immanuel Kants kategorischer Imperativ (Kant, 1785) wird dabei oft missachtet, was zu persönlichen und kollektiven Konsequenzen führt. Die Serie zeigt die Komplexität moralischer Entscheidungen und die Notwendigkeit, Verantwortung für das eigene Handeln zu übernehmen.

Der Wandel der Gesellschaft in den 1960er Jahren dient als Hintergrund für die individuellen Geschichten und spiegelt die Herausforderungen wider, die mit sozialen, kulturellen und technologischen Veränderungen einhergehen. Themen wie die Bürgerrechtsbewegung, der Feminismus und die Veränderung der Medienlandschaft zeigen, wie äußere Faktoren die menschliche Erfahrung beeinflussen und neue Fragen nach Identität, Gerechtigkeit und Gemeinschaft aufwerfen. *Mad Men* zeigt, wie Individuen in Zeiten des Wandels navigieren und wie sie auf Veränderungen reagieren.

Was können wir aus der Serie über die menschliche Natur lernen?

Mad Men bietet tiefgehende Einblicke in die Komplexität der menschlichen Natur und regt dazu an, über universelle menschliche Erfahrungen nachzudenken. Die Serie zeigt, dass das Streben nach äußerem Erfolg und Anerkennung ohne innere Erfüllung und authentische Beziehungen zu einem Gefühl der Leere führen kann. Don Drapers Charakter verkörpert diesen Konflikt: Trotz seines beruflichen Erfolgs und materiellen Reichtums kämpft er mit innerer Unzufriedenheit und Identitätsverlust.

Die Serie verdeutlicht, dass die Suche nach Sinn und Identität zentrale Aspekte der menschlichen Existenz sind. In einer Gesellschaft, die oft Oberflächlichkeit und materielle Werte fördert, wird die Bedeutung von Selbstreflexion und Authentizität hervorgehoben. Die Charaktere müssen sich ihren eigenen Schwächen, Ängsten und Widersprüchen stellen, um Wachstum und Selbstverwirklichung zu erreichen.

Ein weiteres zentrales Lernfeld ist die Erkenntnis, dass menschliche Beziehungen komplex und oft von Machtstrukturen und gesellschaftlichen Erwartungen beeinflusst sind. *Mad Men* zeigt, wie Kommunikation, Empathie und das Verständnis für die Perspektiven anderer entscheidend für das

Gelingen von Beziehungen sind. Die Serie illustriert die Folgen von Isolation, Entfremdung und mangelnder Verbindung zu anderen Menschen.

Darüber hinaus thematisiert die Serie die Rolle von Vergangenheit und Erinnerung in der menschlichen Erfahrung. Die Nostalgie der Charaktere nach vergangenen Zeiten spiegelt die menschliche Tendenz wider, in schwierigen Momenten Zuflucht in idealisierten Erinnerungen zu suchen. *Mad Men* zeigt jedoch, dass das Festhalten an der Vergangenheit den Fortschritt hemmen kann und dass Akzeptanz und Anpassungsfähigkeit entscheidend für persönliches Wachstum sind.

Die menschliche Natur wird in der Serie als facettenreich und widersprüchlich dargestellt. Die Charaktere sind weder rein gut noch böse, sondern bewegen sich in Grauzonen moralischer Ambivalenz. Dies spiegelt die realistische Darstellung menschlicher Verhaltensweisen wider und betont die Notwendigkeit, individuelle Motivationen und Umstände zu berücksichtigen. *Mad Men* fordert den Zuschauer auf, Empathie zu entwickeln und die Komplexität menschlicher Entscheidungen zu verstehen.

Die Serie zeigt auch, wie äußere Umstände und gesellschaftliche Strukturen die menschliche Natur beeinflussen können.

Die Charaktere reagieren auf Druck, Erwartungen und die Veränderungen ihrer Umwelt, was zu unterschiedlichen Bewältigungsstrategien führt. Einige suchen Zuflucht in destruktiven Verhaltensweisen wie Alkoholmissbrauch oder Untreue, während andere versuchen, sich den Herausforderungen zu stellen und sich weiterzuentwickeln.

Letztlich lehrt uns *Mad Men*, dass die menschliche Natur anpassungsfähig ist und dass Individuen die Fähigkeit haben, sich zu verändern und zu wachsen. Die Selbstreflexion und das Bewusstsein für die eigenen Werte und Bedürfnisse sind Schlüssel zur persönlichen Entwicklung. Die Serie ermutigt dazu, die eigene Identität aktiv zu gestalten und sich nicht von äußeren Faktoren bestimmen zu lassen.

Die Serie regt zu einer kritischen Auseinandersetzung mit moralischen Fragen und gesellschaftlichen Strukturen an. *Mad Men* zeigt, wie individuelle Entscheidungen in einem größeren gesellschaftlichen Kontext eingebettet sind und wie persönliche Moralvorstellungen mit den Anforderungen und Erwartungen der Gesellschaft kollidieren können.

Ein zentrales Thema ist die Verantwortung des Einzelnen innerhalb kapitalistischer Strukturen.

Die Werbebranche, in der die Charaktere arbeiten, verkörpert die Manipulation von Bedürfnissen und die Schaffung von künstlichen Wünschen. Die Serie stellt die Frage, inwieweit Individuen moralisch verantwortlich sind für die Auswirkungen ihrer Arbeit auf die Gesellschaft. Dies erinnert an Max Webers Diskussion über die Ethik des Kapitalismus und die Verantwortung des Einzelnen innerhalb von bürokratischen Systemen (Weber, 1905). Die Charaktere müssen abwägen, ob sie ihre persönlichen Werte für beruflichen Erfolg opfern oder ob sie Integrität bewahren können.

Mad Men thematisiert auch die Auswirkungen von sozialen Normen und Rollen auf das individuelle Handeln. Die starren Geschlechterrollen und gesellschaftlichen Erwartungen setzen die Charaktere unter Druck und führen zu Konflikten und Ungerechtigkeiten. Die Serie zeigt, wie diese Strukturen hinterfragt und verändert werden können, indem Individuen mutig neue Wege gehen und sich gegen Diskriminierung und Ungerechtigkeit einsetzen. Dies spiegelt die Gedanken von Judith Butler wider, die die Konstruktion von Geschlecht und die performative Natur von Identität analysiert (Butler, 1990).

Die Auseinandersetzung mit Themen wie Rassismus, Sexismus und sozialer Ungerechtigkeit verdeutlicht die Notwendigkeit, gesellschaftliche Strukturen kritisch zu hinterfragen.

Mad Men zeigt, wie Vorurteile und systemische Ungleichheiten das Leben der Menschen beeinflussen und wie wichtig es ist, sich für Gleichberechtigung und Gerechtigkeit einzusetzen. Die Serie illustriert die persönlichen und kollektiven Konsequenzen, wenn gesellschaftliche Probleme ignoriert oder toleriert werden.

Die Serie unterstreicht zudem die Bedeutung von ethischem Handeln und Integrität. Die Charaktere werden immer wieder mit moralischen Dilemmata konfrontiert und müssen entscheiden, ob sie ihren persönlichen Vorteil über das Wohl anderer stellen. *Mad Men* zeigt die Konsequenzen egoistischen Handelns und betont die Wichtigkeit von Empathie, Verantwortung und moralischer Reflexion. Die Figur des Don Draper exemplifiziert die inneren Konflikte, die entstehen, wenn man sich zwischen moralischem Handeln und persönlichen Ambitionen entscheiden muss.

Ein weiterer Aspekt ist die Rolle der Macht und wie sie innerhalb gesellschaftlicher Strukturen ausgeübt wird. Michel Foucaults Analysen zur Macht und ihrer Verteilung in sozialen Beziehungen (Foucault, 1975) finden in der Serie Anwendung. *Mad Men* zeigt, wie Machtmissbrauch und Hierarchien zu Ungerechtigkeiten führen können und wie Individuen innerhalb dieser Strukturen agieren.

Die Serie ermutigt dazu, Verantwortung nicht nur individuell, sondern auch kollektiv zu betrachten. Sie zeigt, dass gesellschaftlicher Wandel möglich ist, wenn Menschen zusammenarbeiten und sich für gemeinsame Ziele einsetzen. Die Fortschritte, die in der Serie im Bereich der Gleichberechtigung und der sozialen Gerechtigkeit dargestellt werden, resultieren aus dem Engagement und der Zusammenarbeit der Charaktere.

Hat die Serie Relevanz für die moderne Gesellschaft? Eine gute Frage. Obwohl *Mad Men* in einer vergangenen Ära spielt, sind die dargestellten Themen zeitlos und hochrelevant für die moderne Gesellschaft. Die Herausforderungen der Konsumkultur und des Materialismus sind nach wie vor präsent. In einer Welt, in der soziale Medien und Werbung ständig neue Bedürfnisse und Ideale erzeugen, ist die Reflexion über Authentizität und inneres Glück wichtiger denn je.

Die Fragen nach Identität, Selbstverwirklichung und dem Sinn des Lebens sind universelle menschliche Anliegen.

Mad Men zeigt, dass diese Themen unabhängig von Zeit und Ort relevant sind und dass die Auseinandersetzung damit zu einem erfüllteren und bewussteren Leben führen kann. Die Serie ermutigt dazu, sich nicht von äußeren Erwartungen leiten zu lassen, sondern den eigenen Weg zu suchen.

Die Serie bietet auch wertvolle Einsichten in die Dynamik sozialer Veränderungen und die Notwendigkeit, gesellschaftliche Strukturen zu hinterfragen und zu reformieren. Die Diskussion über Geschlechterrollen, Gleichberechtigung und soziale Gerechtigkeit ist in der heutigen Zeit aktueller denn je. Bewegungen wie #MeToo oder Black Lives Matter zeigen, dass viele der in *Mad Men* dargestellten Probleme weiterhin bestehen. Die Serie kann als Inspiration dienen, sich für Veränderungen einzusetzen und Ungerechtigkeiten nicht hinzunehmen.

Darüber hinaus regt die Serie dazu an, über die Verantwortung jedes Einzelnen in einer globalisierten und vernetzten Welt nachzudenken. In Zeiten von Klimawandel, sozialer Ungleichheit und politischen Spannungen ist die Reflexion über moralisches Handeln und gesellschaftliche Verantwortung von großer Bedeutung.

Mad Men zeigt, dass individuelle Entscheidungen Auswirkungen auf das Kollektiv haben und dass es wichtig ist, ethische Überlegungen in das eigene Handeln zu integrieren.

Die technologischen Veränderungen und ihre Auswirkungen auf die Gesellschaft, wie in der Serie dargestellt, sind ebenfalls hochaktuell. Die

Digitalisierung und der Einfluss von sozialen Medien haben die Kommunikationsformen und zwischenmenschlichen Beziehungen grundlegend verändert.

Mad Men bietet einen historischen Kontext, um die heutigen Entwicklungen besser zu verstehen und kritisch zu hinterfragen.

Eine Schlussbemerkung soll jedoch noch angeführt werden: *Mad Men* ist nicht nur eine herausragende künstlerische Darstellung einer bestimmten Epoche, sondern auch ein tiefgründiges Werk, das grundlegende Fragen der menschlichen Existenz und des gesellschaftlichen Zusammenlebens thematisiert. Die Serie lädt dazu ein, über die eigene Rolle in der Gesellschaft nachzudenken, persönliche Werte zu hinterfragen und aktiv an der Gestaltung einer gerechteren und authentischeren Welt mitzuwirken. Sie zeigt, dass die Auseinandersetzung mit der Vergangenheit wertvolle Erkenntnisse für die Gegenwart und Zukunft liefern kann und dass Veränderungen möglich sind, wenn Individuen bereit sind, Verantwortung zu übernehmen und mutig neue Wege zu beschreiten.

Mad Men lehrt uns, dass die Reflexion über die menschliche Natur, Moral und gesellschaftliche Strukturen essenziell ist, um ein bewusstes und erfülltes Leben zu führen. Die Serie ermutigt dazu, sich den Herausforderungen des Lebens zu stellen, authentisch zu sein und Verantwortung für das eigene Handeln und die Auswirkungen auf andere zu übernehmen.

Quellen:

Baudrillard, J. (1970). *Die Konsumgesellschaft: Mythen und Strukturen.* Frankfurt am Main: Campus Verlag.

Butler, J. (1990). *Das Unbehagen der Geschlechter.* Frankfurt am Main: Suhrkamp.

de Beauvoir, S. (1949). *Das andere Geschlecht.* Paris: Gallimard.

Foucault, M. (1975). *Überwachen und Strafen: Die Geburt des Gefängnisses.* Frankfurt am Main: Suhrkamp.

Goffman, E. (1959). *Wir alle spielen Theater: Die Selbstdarstellung im Alltag.* München: Piper.

Kant, I. (1785). *Grundlegung zur Metaphysik der Sitten.* Riga: Hartknoch.

Sartre, J.-P. (1943). *Das Sein und das Nichts.* Paris: Gallimard.

Weber, M. (1905). *Die protestantische Ethik und der Geist des Kapitalismus.* Tübingen: Mohr Siebeck.

Appendix 1: Zwischen Patriarchatskulisse und performativer Freiheit: Megan Draper als philosophische Irritation in „Mad Men"

Mit Megan Draper tritt eine Figur ins Zentrum, deren Präsenz die übliche Dialektik von Weiblichkeitsmythen und Aufstiegsfantasien auf besondere Weise durchkreuzt. Hier geht es nicht um die klassische Hausfrau in der Vorstadtidylle, nicht um die spröde Karrierefrau im Nadelstreifenanzug, sondern um ein Wesen, das die Bühne des Patriarchats nicht bloß betritt, sondern sie mit einem neuen Selbstverständnis bespielt. Ihr Auftauchen markiert eine Irritation in jenem semiotischen Regime, das Frauenrollen in die eingefahrenen Muster von passiver Schönheit, stummer Unterwerfung oder kämpferischer Affirmation presst.

Ist Megan authentisch oder nur eine weitere Maske, die das Werbespektakel der Madison Avenue hervorbringt? Hier liegt das philosophische Problem. Denn Megan ist nicht einfach eine Person, sie ist ein Knotenpunkt kultureller Energien, ein Medium, durch das sich Sehnsüchte, Modernisierungsimpulse und Bruchlinien einer Ära ausdrücken. Als Schauspielerin in der Fiktion der Serie und als Schauspielerin in der Fiktion ihrer eigenen Biografie steht sie an jener Schwelle, an der die Konstruktion von Identität selbst zum Schauspiel wird. Authentizität wird in ihrem Fall kcin fester Besitz, sondern ein performativer Akt, ein beständiger Prozess des Neu-Erfindens vor einer Kamera, die kein einziges Bild fixieren kann. Dies verlangt eine philosophische Lektüre, die die Frage nach dem Wesen des Selbst unter den Bedingungen einer sich entfaltenden Konsum- und Medienkultur neu stellt. Megan Draper materialisiert gewissermaßen das Postulat Sartres, dass Existenz der Essenz vorausgeht: Ihr Selbst ist nicht gegeben, sondern entsteht aus Entscheidungen, Projekten, Gestaltungen, auch aus Konfrontationen mit Don Drapers Welt der Halbwahrheiten. Doch während frühere Frauenfiguren um die Ränder männlicher Ambitionen kreisen, nutzt Megan die Leitmotive ihrer Zeit – Hollywood, Popmusik, Modetrends – als Hebel, um ein eigenes Narrativ zu schreiben. Sie ist somit weder vollkommen frei noch einfach Opfer der Umstände, sondern eine Subjekt-Position im Fluss. Wenn Kierkegaard von der Angst vor der Möglichkeit spricht, ist Megan das Beispiel dafür, wie die freie Wahl zur künstlerischen Praxis wird: Sie erprobt Rollen, um im Spiel des Scheins etwas von ihrer eigenen Wahrheit zu destillieren.

In einer Ära, in der die Werbeindustrie Sinnbilder liefert, um Waren mit Bedeutungen aufzuladen, konterkariert sie das Schema, indem sie selbst zum wandelnden Signifikat einer neuen Weiblichkeit wird. Keine stumme Muse, sondern eine Stimme, die sich Gehör verschafft, ein Körper, der ins Bild tritt, nicht um in ihm zu erstarren, sondern um neue Möglichkeiten des Frauseins zu erproben. Foucaults Idee, dass Macht nicht nur unterdrückt, sondern auch produktiv ist, findet in Megan eine Bestätigung: Der patriarchale Diskurs formte die Bühne, doch auf ihr kann sich auch etwas Neues, Unerwartetes artikulieren. Sie ist diejenige, die die Karten neu mischt, ohne aus dem System zu fliehen, stattdessen dessen eigene Spielregeln nutzt, um als freie Spielerin sichtbar zu werden.

Der Feminismus der 1960er ist als Hintergrundrauschen präsent, doch bei Megan ist Emanzipation weniger ein dezidiert politisches Programm als ein Lebensstil, ein Ästhetisieren ihrer Freiheit. In ihrem Singen, Tanzen, Performen zeigt sich eine Art existenzieller Leichtigkeit, die gleichsam bezeugt, dass neue Weiblichkeitsformen möglich sind, ohne stets die Waffe der Empörung oder der bitteren Kritik zu schwingen. Sie verkehrt die konventionellen Werte, indem sie deren Oberfläche glänzen lässt, aber deren Bedeutung verschiebt.

So erschließt sich eine moralische Lektion: Authentizität ist nicht an die Verabschiedung aller Konventionen gebunden, sondern an die kluge

Rekonfiguration ihres Symbolhaushalts. Nicht Rebellion um jeden Preis, sondern ein subtiler Umbau der kulturellen Codes, der Raum für Alternativen schafft.

Diese Gestalt erinnert uns daran, dass philosophische Fragen nach Identität, Freiheit und Moral nicht im luftleeren Raum gestellt werden, sondern im Kontext bestimmter Machtverhältnisse, Institutionen, Ästhetiken. Megan Draper ist kein Anti-Patriarchats-Manifest in groben Lettern, sondern eine sich bewegende Figur, die inmitten des Spektakels eigene Wege markiert. Damit zeigt *Mad Men*, dass kulturelle Transformationen nicht immer als lauter Protest erscheinen müssen. Mit feiner Ironie, mit Sinn für die Inszenierung, mit Spiel im Ernst des Daseins verschiebt Megan die Koordinaten des Frauseins und regt die Zuschauer dazu an, über die eigene Lebensbühne und deren Skripte nachzudenken.

In ihrem Agieren wird klar, dass Philosophie hier nicht als abstrakte Disziplin auftritt, sondern als lebendige Praxis der Selbstbefragung: Wie kann man sich innerhalb restriktiver Strukturen als Subjekt erfinden, ohne bloßes Objekt der Begierden anderer zu bleiben? Welche Werte tragen uns, wenn wir zwischen äußerem Schein und innerer Wahrheit lavieren? Megan Draper lädt ein, darüber nachzudenken, wie aus der Dynamik einer von patriarchalen Codes geprägten Umgebung neue Authentizitätsformen entstehen können, die weder das System radikal negieren noch in ihm glatt aufgehen. Sie ist eine philosophische Figuration einer Freiheit, die im Spiel der Zeichen ihre Spur hinterlässt.

Quellen:

Adorno, T. W., & Horkheimer, M. (1947). *Dialektik der Aufklärung*. Amsterdam: Querido.

Beauvoir, S. de (1949). *Das andere Geschlecht*. Paris: Gallimard.

Foucault, M. (1975). *Überwachen und Strafen: Die Geburt des Gefängnisses*. Frankfurt am Main: Suhrkamp.

Kierkegaard, S. (1849). *Die Krankheit zum Tode*. Kopenhagen: C. A. Reitzel.

Millett, K. (1970). *Sexus und Herrschaft*. New York: Doubleday.

Sartre, J.-P. (1943). *Das Sein und das Nichts*. Paris: Gallimard.

Appendix 2: Bertram Cooper: Ästhet der Macht, stille Regie im ideologischen Bühnenraum

Bertram Cooper betritt nicht die Szene als ein lauter Protagonist, sondern als ein Zen-Meister des werblichen Zeitalters, der, inmitten des Geschnatters der Madison Avenue, eine Aura des abgeklärten Dandytums verbreitet. Dieser Mann, dessen Habitus an einen florentinischen Renaissancefürsten im Maßanzug erinnert, inszeniert sich mit jener geschliffenen Ironie, die verrät, dass das Wesentliche nicht im Lärm, sondern in der stillen Verfügung liegt.

Seine Präsenz steht für eine Macht, die nicht brüllt, sondern lächelt; sie spricht in Andeutungen, Aphorismen, verstreuten Anspielungen. Die Frage nach Authentizität oder moralischer Integrität stellt sich bei Bertram Cooper auf eigentümliche Weise: Er ist kein Don Draper, der sich an den Spannungsfeldern der Identität reibt, kein Roger Sterling, der mit Leichtfertigkeit durch die Tage taumelt. Cooper ist der Ästhet und Stratege, der im Spiel der Signaturen, im Repertoire der Symbole des Kapitalismus, jener Unruhe eines eigenen Wertekosmos entgegentritt.

Philosophisch betrachtet erscheint er als Figur, die das Herrschaftliche verfeinert: Seine Bücherregale, sein japanisch inspiriertes Interieur, seine

Bemerkungen, die zugleich paternalistisch und lehrreich anmuten, entfalten ein System, in dem Kultur zum Distinktionsmerkmal wird. Michel Foucaults Konzept der Macht als diskursive Praxis bekommt bei Cooper eine ästhetische Übersetzung: Er ist der Herr über subtile Normen, der Wächter eines Archivs von Verhaltensweisen, die anmutig in die Organisation diffundieren, ohne je plump artikuliert zu werden.

Cooper demonstriert, dass Moral nicht notwendigerweise im offenen Moralisieren liegt. Seine Entscheidungen wirken zwar kühl, aber sie entstammen einem größeren Verständnis für das Funktionieren dieser Gesellschaft, in der Profit und Prestige die ultimativen Götzen darstellen. Er ist kein zynischer Tyrann, eher ein ironischer Verwalter einer Ordnung, die er mit feinen Gesten justiert. Das klingt nach einer Variation dessen, was Pierre Bourdieu als symbolische Gewalt beschreibt: Eine Durchsetzung von Hierarchien ohne offene Gewalt, durch Stile, Gesten, Codes. Cooper verkörpert die Meisterschaft dieser symbolischen Ökonomie.

Seine Sätze sind selten lang, doch jedes Wort scheint überlegt, jedes Schweigen strategisch. Ihm gelingt, wovon viele nur träumen: die Kunst des Nicht-Handelns, um dennoch Wirkung zu entfalten. Betrachtet man ihn in Kierkegaardscher Perspektive, ließe sich sagen, dass er jenseits der existentiellen Qualen der Wahlfreiheit steht, als hätte er einen archimedischen Punkt gefunden, von dem aus die Tragik der modernen Subjekte ein Randphänomen bleibt. Er ist wie ein Beobachter, der mit gelassener Distanz die Dramen der anderen betrachtet, ohne selbst in der Arena des Verzweifelns zu bluten.

Doch diese Haltung ist nicht unschuldig. Hier zeigt sich eine moralphilosophische Spannung: Wer den anderen beim Ringen um Authentizität zuschaut, ohne selbst in den Ring zu steigen, steht in der Gefahr, zum Komplizen der herrschenden Ordnung zu werden. Coopers Dasein ist ein eindrückliches Beispiel dafür, wie das Fehlen von offenem Machtgehabe nicht automatisch die Abwesenheit von Macht bedeutet. Er ist der Beweis dafür, dass Macht nicht nur in Akten des Befehls zu suchen ist, sondern in feinen Gesten, in Normen, die ohne große Worte gesetzt werden.

Die Faszination, die von Cooper ausgeht, hat weniger mit Empathie als mit der Eleganz der Kontrolle zu tun. Er ist ein Manager moralischer Grautöne, ein Dirigent im Hintergrund, dessen ästhetisierte Coolness verrät, dass Werte hier nicht auf den Marktplatz der Ideale gezerrt werden, sondern wie kostbare Antiquitäten in Ecken präsentiert, die nur Kenner erkennen. Sartres Diktum, der Mensch sei zur Freiheit verurteilt, bekommt hier einen eigentümlichen Nachklang:

Coopers Freiheit liegt in der Freiheit, nicht zu kämpfen, sondern zu gestalten. Er wählt den Weg des milden Patriarchen, des kultivierten Tastenkünstlers im Klavierspiel der Organisation, der leisen Direktion des Sozialen.

In dieser Figur reflektiert *Mad Men* die Idee, dass Philosophie im Zeichen des Managements und der Werbung zugleich subtil und doch präsent sein kann. Cooper ist ein philosophisches Problem in Fleisch und Blut: ein Mann, der an keiner Dogmatik hängt, sondern die Codes des Kapitals mit Gelassenheit anwendet. Seine Moral ist fragil und kontingent, seine Verantwortung bleibt im Nebel. Und doch ist er es, der ein Vakuum füllt, das aus ungesagten Regeln, machtvollen Blicken und einem sanften Druck besteht, der alle Umstehenden formt, ohne sie zu zwingen.

Dies erinnert an Hannah Arendts Überlegungen zur Banalität des Bösen, erweitert auf die Sphäre des Stils: Nicht brutale Akte, sondern sanfte Imperative der Konventionen schaffen einen moralischen Horizont, in dem es leichter ist, mit dem Strom zu schwimmen als ihn zu hinterfragen. Cooper schwimmt nicht nur mit, er ist ein Teil jenes Fließens, der stillen Strömung, die diese Gesellschaft in Bewegung hält, ohne sie zu befreien. Die Philosophie, die er repräsentiert, ist eine des leisen Arrangements, der unspektakulären Herrschaft. So wird aus der Figur des Bertram Cooper eine Allegorie auf das, was zwischen Sozialtheorie und Moralphilosophie immer wieder neu verhandelt werden muss: die feinen, kaum greifbaren Mechanismen, die unser Handeln lenken – und die Verantwortung, sie zu durchschauen oder zumindest ins Bewusstsein zu heben.

Quellen:

Arendt, H. (1963). *Eichmann in Jerusalem: A Report on the Banality of Evil*. New York: Viking Press.

Bourdieu, P. (1982). *Die feinen Unterschiede: Kritik der gesellschaftlichen Urteilskraft*. Frankfurt am Main: Suhrkamp.

Foucault, M. (1975). *Überwachen und Strafen: Die Geburt des Gefängnisses*. Frankfurt am Main: Suhrkamp.

Kierkegaard, S. (1849). *Die Krankheit zum Tode*. Kopenhagen: C. A. Reitzel.

Sartre, J.-P. (1943). *Das Sein und das Nichts*. Paris: Gallimard.

Appendix 3: Zwischen Charme, Schweigen und subtiler Resistenz: Die weiblichen Nebenfiguren in „Mad Men" als philosophisch-psychologische Resonanzräume

Es ist leicht, sich von den schillernden Protagonisten in *Mad Men* blenden zu lassen, von Don Drapers charismatischer Ambivalenz, Roger Sterlings ironischer Leichtfertigkeit oder Bertram Coopers souveräner Ästhetik der Macht. Doch die Essenz einer Epoche, in der das Patriarchat noch weitgehend ungebrochen über Geschlechterrollen wachte, offenbart sich oft in den Randfiguren. Gerade die weiblichen Nebenrollen, jene Sekretärinnen, Assistentinnen, Ehefrauen am Rande und flüchtigen Bekanntschaften, weben ein subtiles Netz aus symbolischen Handlungen, in dem sich philosophische und psychologische Tiefenschichten der Serie entfalten.

In Staffel 1, Episode 3 („Marriage of Figaro"), sehen wir etwa die namenlose Sekretärin, die morgens ohne großes Aufheben Kaffeetassen verteilt und dabei mit einem halben Lächeln den eiligen Blicken der Männer ausweicht. Die Kamera hält sich nicht lange an ihr auf, doch genau darin liegt der Trick: Sie ist allgegenwärtig wie ein stiller, atmender Teil des Systems, der den Betrieb am Laufen hält, ohne in den Vordergrund zu drängen.

Hier begegnen wir einer Konstellation, in der die Frauen unauffällig bleiben sollen – doch diese Unauffälligkeit ist eine Form von Präsenz, die Pierre Bourdieus Konzept der „symbolischen Gewalt" (Bourdieu, 1982) praktisch illustriert. Die Frauen sind nicht machtlos, sondern wirken durch Miniaturgesten, mit denen sie – wenn auch selten direkt konfrontativ – einen Raum der Möglichkeiten andeuten. Die Philosophie des Alltags manifestiert sich in halben Sätzen, in unterdrückten Lachern, in gemeinsamem Augenrollen, wenn Roger Sterling wieder eine unpassende Bemerkung macht.

In Staffel 2, Episode 5 („The New Girl"), wird Peggy Olsons Aufstieg weiter vorangetrieben. Noch ist sie nicht die ausdefinierte Figur der späteren Staffeln, sondern eine junge Frau, die darum ringt, wie sie sich in einer Machowelt behaupten kann. Neben ihr tauchen Frauen auf, die weniger Sprechanteil haben: Jane, die neue Sekretärin, die von Joan Holloway eingeführt wird („You'll find your way here, just watch and learn"), oder Lois, die kurze Momente von Fehltritten nutzt, um sich wenigstens als individuelle Präsenz einzuschreiben. Diese Randfrauen fungieren als Spiegel, in dem Peggy ihre eigene Lage erkennt. Ohne sie würde Peggy wie eine Solistin erscheinen, doch dank dieser Nebendarstellerinnen wird klar, dass ihre Geschichte in ein größeres Gefüge weiblicher

Strategien eingebettet ist. Es ist eine Philosophie der Mikro-Praktiken: Nicht offener Protest, sondern ein miteinander geteiltes, stillschweigendes Wissen, das Michel Foucaults Idee von Macht als relationalem Geflecht bestätigt (Foucault, 1975). Betrachten wir Staffel 3, Episode 9 („Wee Small Hours"), in der Don spätabends durch das Büro streift und auf eine Sekretärin trifft, die noch Akten sortiert. Ihre Höflichkeit, ihr leichtes Nicken, ihr leises „Goodnight, Mr. Draper", wirken wie die Einhaltung eines Rituals. An dieser Stelle könnte man von Hannah Arendts „Banalität" sprechen, hier aber nicht des Bösen, sondern der Unterwerfung unter ungeschriebene Regeln: Diese Frauen halten den Laden am Laufen, während die Männer die Deals abschließen. Doch selbst in dieser Banalität keimt etwas auf: In Staffel 4, Episode 7 („The Suitcase"), als Peggy bis spät in der Nacht mit Don an einer Kampagne arbeitet, interagiert sie mit der Telefonistin Caroline, die mit knappen Bemerkungen und Augenbrauenheben auf die emotionale Belastung reagiert. Caroline ist keine Heroine, aber ihre Art, Informationen dosiert weiterzugeben, erinnert an eine Schachspielerin der Zwischenräume. Philosophisch gesehen eröffnet sich hier ein Raum, in dem Minoritäten durch minimale Abweichungen neue Sinnhorizonte andeuten. Psychologisch betrachtet zeigt sich darin die Fähigkeit dieser

Frauen, trotz ihrer Randstellung eine Stabilität in der sozialen Dynamik herzustellen.

In Staffel 5, Episode 11 („The Other Woman"), erlangt Joan Holloways kompromissbeladener Pakt mit Herb Rennet notorische Berühmtheit. Während Joan eine zentrale Figur ist, die Szene enthüllt im Hintergrund weitere Frauen: In einer kurzen Einstellung sieht man eine namenlose Sekretärin mit gesenktem Blick, die von Joans Einladung zum Gespräch nichts erfährt, die einfach weiter Stenogramme tippt. Dieser Moment illustriert, wie Frauen nicht nur Opfer sind, sondern auch Zeuginnen, die – wenn auch stumm – die moralischen Spannungsfelder registrieren. Ihre Passivität ist keine Affirmation, sondern eine Beobachtungshaltung, die zukünftige Handlungsoptionen offenhält. Jean-Paul Sartre definierte Freiheit als einen Zustand, in dem man Sinn schaffen muss, wo keiner vorgegeben ist (Sartre, 1943). Diese Frauen schaffen Sinn, indem sie entscheiden, was sie ignorieren, was sie weitertragen, wie sie auf subtile Ungerechtigkeiten reagieren. Nicht jeder Flügelschlag wird aufgezeichnet, doch jeder kann langfristige Effekte haben.

Ein weiteres Beispiel: Staffel 6, Episode 5 („The Flood"), in der die Nachricht von Martin Luther Kings Ermordung die Agentur erschüttert. Während die männlichen Charaktere nervös auf die gesellschaftlichen Unruhen reagieren, beobachten die Frauen im Hintergrund diese Erschütterung.

Eine Sekretärin namens Phyllis fragt leise: „Should we... close early?", und niemand antwortet ihr. Doch dieses leise Vorschlagen einer alternativen Handlungsweise zeigt, dass Frauen nicht nur ausführende Organe sind, sondern Initiatorinnen neuer Optionen. Hier verbindet sich Philosophie mit Psychologie: Die Frauen verarbeiten traumatische Ereignisse auf ihre Weise, halten die emotionale Balance, während die Männer ihre Fassung verlieren. Das bestätigt die Idee, dass authentische moralische Orientierung nicht immer von oben nach unten erfolgt, sondern in den Randzonen des Sozialen wächst.

Staffel 7, Episode 6 („The Strategy"), bietet eine weitere erhellende Szene: Peggy versucht, ein neues Kampagnenkonzept zu entwickeln, und interagiert mit einer jüngeren Sekretärin, die eine beiläufige Bemerkung zu Familie und Konsum macht. Aus dieser Nebenspur extrahiert Peggy eine ganze Kampagnenidee – der scheinbar unbedeutende Kommentar einer Randfigur wird zur Inspirationsquelle für eine neue Botschaft. Hier zeigt sich deutlich, dass die weiblichen Nebenfiguren nicht nur Trägerinnen einer passiven Rolle sind, sondern als Reservoir gesellschaftlicher Erfahrung und Intuition dienen. Es ist, als ob in den Nebenfiguren das kollektive Unbewusste einer

Epoche lagert, aus dem die Hauptfiguren schöpfen, ohne es offen anzuerkennen.

Philosophisch könnte man diese Dynamik mit Simone de Beauvoirs Überlegungen verbinden: Die Frau als „das Andere" trägt verborgenes Wissen, das in einer männlich dominierten Ordnung nicht offen zur Geltung kommt (de Beauvoir, 1949). Doch bei *Mad Men* zeigt sich, dass dieses Andere nicht sprachlos bleibt, sondern über subtile, mikro-politische Interventionen verfügt. Psychologisch betrachtet entsteht ein unterirdischer Fluss, in dem diese Frauen ihre eigene Selbstbehauptung üben, ihre Resilienz stärken und neue Rollen entwerfen, ohne eine Bühne des Pathos zu benötigen.

All diese Szenen und Zitate aus den verschiedenen Staffeln formen ein lebendiges philosophisches Panorama: Die weiblichen Nebenfiguren in *Mad Men* sind wie ein Resonanzraum, in dem die Echos des Patriarchats aufgenommen, moduliert und mit feinen Verschiebungen zurückgesendet werden. Sie zeigen, dass moralischer Wandel und soziale Reifung nicht immer auf den Schlachtfeldern der großen Auseinandersetzungen entstehen, sondern oft im Halbton einer gezielten Verschiebung, im flüchtigen Lächeln, im gezielten Schweigen oder in einem minimalen Handlungsimpuls, der das Skript nicht frontal sprengt, sondern neu interpretiert.

Insgesamt offenbart sich hier eine Philosophie des Marginalen: Die bedeutendsten Veränderungen können dort wurzeln, wo die Protagonisten kaum hinsehen. Die weiblichen Nebenfiguren sind jene psychologischen und philosophischen Hebel, über die sich zeigt, dass Selbstverwirklichung, moralische Reflexion und kulturelle Transformation im Kleinen beginnen. Und genau darin liegt ihr Beitrag: Sie machen uns bewusst, dass auch in einer Welt, die vermeintlich von großen Helden und lauten Stimmen bestimmt ist, jene, die an den Rändern agieren, das Ganze mitgestalten.

Quellen:

Beauvoir, S. de (1949). *Das andere Geschlecht*. Paris: Gallimard.
Bourdieu, P. (1982). *Die feinen Unterschiede: Kritik der gesellschaftlichen Urteilskraft*. Frankfurt am Main: Suhrkamp.
Foucault, M. (1975). *Überwachen und Strafen: Die Geburt des Gefängnisses*. Frankfurt am Main: Suhrkamp.
Sartre, J.-P. (1943). *Das Sein und das Nichts*. Paris: Gallimard.

Über den Autor:

PASCAL DEBRA, 1978 in Luxemburg geboren, studierte Philosophie (speziell wissenschaftstheoretische Ansätze), Literaturwissenschaften und Linguistik an der Universität Trier und erwarb dort den Magister Artium Abschluss in diesen Bereichen. Beschäftigt sich mit der Vielfalt von Weltanschauungen, philosophischen Konzepten, der Künstlichen Intelligenz und der Popkultur.

Abb. 1 (c)
Privatarchiv Debra

Lehrer für Philosophie, Ethik und Literaturwissenschaften, Unterrichtet in einer International School in Luxemburg.

Facebook: Pascal Debra

Instagram: 1pascaldebra1

Weitere Schriften:

Das kleine Handbuch des Grüntees -Heilwirkung und Kultur aus den Gärten der Welt.(2007) 8. Auflage 2017

Die Anfänge der Philosophie -Kosmologie, Astronomie, Mensch-sein (2010)

Von Shiva, Saris und Bollywood -Eine Reise durch die Seele Südindiens (2011) 3. Auflage 2017

Philosophie in Woody Allens Filmen: Vom Existentialismus zum De-konstruktivismus Neue Auflage 2021 (Original 2014)

Kafka und Ich. Philosophische Notizen und Tagebucheinträge. 1. Auflage 2019

South India Photography. 2. Auflage 2020

Digital Detox. Warum digitaler Minimalismus notwendig ist. 1. Auflage 2020

Shortcuts & Spotlights. Essays über die Dinge der Welt. 1. Auflage 2023

Shortcuts & Spotlights II. Weitere Essays über die Dinge der Welt. 1. Auflage 2024